LA TECHNIQUE DES ETINCELLES

80 CLÉS POUR REBONDIR EN PÉRIODE DE CHANGEMENT

LA TECHNIQUE DES ETINCELLES

80 CLÉS POUR REBONDIR EN PÉRIODE DE CHANGEMENT

Vanessa Cahierre - Nadège Fougeras

Éditions
de La Martinière

SOMMAIRE

ÉTINCELLE, *n. f.*

- Parcelle incandescente qui se détache d'un corps enflammé ou qui jaillit du frottement de deux corps : *Le brasier jetait des étincelles.*
- Petit incident, faible cause qui produit un effet important : *L'étincelle qui met le feu aux poudres.*
- Littéraire. Point, reflet brillant : *Il y avait des étincelles dans son regard.*
- Manifestation vive, soudaine et de peu de durée de quelque chose : *Une étincelle de génie.*

DICTIONNAIRE LAROUSSE

La vie n'est pas un long fleuve tranquille.

Heureusement, on s'y ennuierait.

« Le secret du changement, c'est de concentrer toute son énergie non pas à lutter contre le passé mais à construire l'avenir. »

SOCRATE

« Tout changement est difficile au début, compliqué au milieu et magnifique à la fin. »

ROBIN SHARMA,
ÉCRIVAIN

Vous trouverez dans la bibliographie finale les références des ouvrages cités au fil du texte.

INTRODUCTION

Le tadorne de Belon est un petit oiseau qui vit dans la baie de Somme. Comme beaucoup d'espèces d'oiseaux, il fait sa mue chaque année. Il perd ses plumes, celles qui sont abîmées, qui lui ont servi à voler et à se protéger. La durée de vie d'une plume n'est en effet pas éternelle. Et le plumage d'un oiseau doit être renouvelé régulièrement pour pouvoir remplir ses fonctions de régulation thermique et de vol.

Cela demande beaucoup d'énergie à notre petit oiseau. C'est un moment où il est vulnérable. Son nouveau plumage n'est pas encore formé et il ne peut plus voler pendant un mois environ. Dur, dur !

On aime cette histoire.

On l'a entendue un jour d'automne où il faisait froid. On était pieds nus dans la baie de Somme, tôt un samedi matin pour observer les oiseaux. On se demandait un peu ce qu'on faisait là. On était fatiguées, on aurait préféré être au coin du feu avec un bon bouquin. Mais c'était l'anniversaire d'un ami féru d'ornithologie, qui avait organisé cette sortie matinale pour partager avec nous sa passion.

L'histoire de cet oiseau a agi comme un révélateur. Une première étincelle qui nous a donné envie d'écrire sur les périodes de changement, sur ces moments où tout bouge autour de nous, où l'on est vulnérable, justement. Nous avons voulu rassembler dans un livre accessible et plein de peps toutes les techniques pour trouver de l'énergie, pour la garder et la booster. Et ressortir du changement plus épanouis, plus sereins et plus heureux qu'avant.

Comme le tadorne de Belon, qui sort de sa mue avec un plumage tout neuf, bien au chaud, affûté et prêt à s'envoler pour de nouvelles aventures.

...

Pourquoi s'intéresser aux périodes de changement en particulier ?

CHANGEMENT, *n. m.*

Modification profonde, rupture de rythme; tout ce qui rompt les habitudes, bouleverse l'ordre établi.

DICTIONNAIRE LAROUSSE

Les changements sont souvent difficiles. Ce sont des périodes où l'on doit sortir de sa zone de confort, avec toutes les interrogations que ça génère. Déménagement, changement de carrière, d'entreprise, expatriation, licenciement, arrivée ou départ d'un enfant, divorce, perte d'un proche, départ à la retraite, maladie… On est obligé de se réajuster, se rééquilibrer, se remettre en question.

Si on voulait représenter ces périodes de transition, on dessinerait une courbe avec de fortes oscillations.

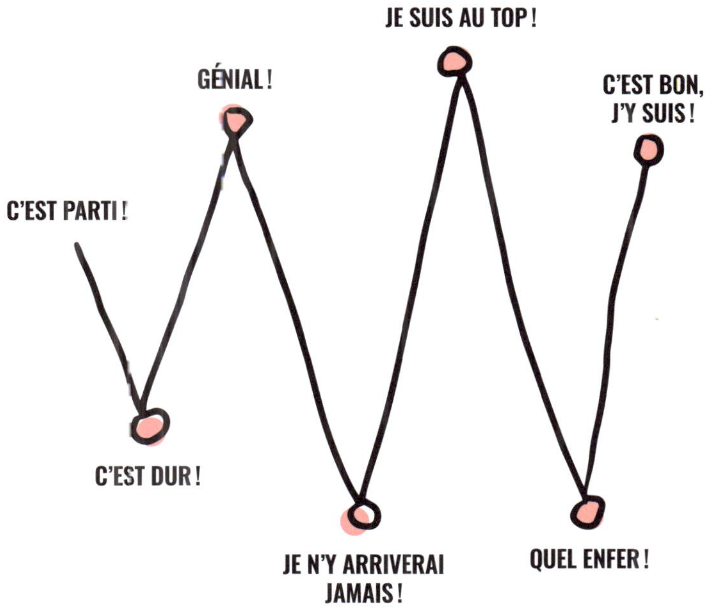

Au fil des changements que nous avons eus à vivre — 28 déménagements à nous deux, nous réinventer professionnellement, la perte d'un parent ou d'amis chers, la maladie d'un proche, l'arrivée d'un enfant, le départ d'un aîné…—, nous avons appris à nous accompagner un peu mieux chaque fois, avec de plus en plus de douceur, d'écoute et de bienveillance.

Nous avons commis des erreurs, nous avons tâtonné, souvent douté. Puis nous nous sommes ajustées. Nous avons exploré d'autres façons de faire.

Petit à petit, nous avons réussi à appréhender les changements de façon différente, plus ouverte, plus détendue.

Nous avons surtout réalisé que chaque changement est une occasion de mieux se connaître. On développe des forces insoupçonnées et on s'approche de quelque chose qui nous ressemble plus.

Ayant vécu au Chili, en Argentine, aux États-Unis, en Chine et au Japon, nous nous sommes imprégnées de cultures différentes qui nous ont apporté leur lot de surprises, d'étonnements, d'indignations, d'interrogations. Nous avons exploré des sagesses et observé des comportements nouveaux pour nous.

Nous avons eu la chance de croiser des centaines de gens d'horizons variés, avec des habitudes et des modes de vie loin de ce que nous connaissions.

Ces rencontres et ces expériences ont toujours été inspirantes. Une vraie source de créativité pour nous réinventer.

•••

Nous avons eu envie de consigner toutes ces expériences dans un livre, *La Technique des étincelles*, afin d'aider ceux qui traversent des périodes de changement, qui ont besoin d'énergie et de force pour rebondir au lieu de se sentir écrasés.

Dans ces changements vécus, nous avons pris conscience que la phase initiale était toujours une phase de déstabilisation. Un peu comme une tour en Kapla qui perdrait son équilibre et se casserait un peu, beaucoup, voire complètement.

Nous avons appris la patience et compris que des temps de pause et de digestion étaient nécessaires. Cette tour en Kapla, on a accepté de la voir tomber pour la reconstruire petit à petit.

C'est cette volonté, ce souhait d'être heureuses, de nous réaliser à tous les niveaux, personnel, professionnel, social, qui nous ont toujours donné l'énergie de repartir, de construire notre propre chemin.

Après nos premiers déménagements à l'étranger (New York et Santiago du Chili), on imaginait que la vie allait reprendre son cours rapidement, facilement, dans un nouveau pays. Qu'une fois tout installé, chacun retrouverait sa place et ses occupations et que tout redeviendrait comme avant. On travaillait comme des folles pour tout boucler en une semaine et on finissait exténuées avec un lumbago… et des espérances déçues car, au bout d'une semaine, forcément, il nous restait tellement de choses à caler pour que chacun retrouve un équilibre (social, professionnel, personnel…) que c'en était désespérant !

Lors des déménagements suivants, vers Buenos Aires, Tokyo, Hongkong ou New York (nous avons toutes les deux vécu à New York, mais pas au même moment), nous prenions plus notre temps. On déballait les cartons pendant quatre heures à fond et on allait se balader une heure. On savait aussi qu'on n'allait pas décrocher un job en deux jours, que ça prendrait du temps, mais on était sûres qu'on en trouverait un. L'installation de toute la famille durait un peu plus longtemps, mais nous étions moins stressées.

Quand on a dû changer de carrière (à l'arrivée dans un nouveau pays ou au retour en France), au début, on pensait que ça ne prendrait que deux ou trois mois pour retrouver le bon job. Mais le processus est beaucoup plus long. Il a fallu se mettre en ouverture, s'écouter, rencontrer beaucoup de monde, revoir nos certitudes, échanger et parfois vivre l'insatisfaction.

Nous sommes passées par des périodes d'oscillations très importantes. Avec des moments pleins d'énergie et d'optimisme et des moments de doute, de questionnement, voire de désespoir !

Et, petit à petit, nous avons réussi à appréhender un peu mieux ces phases de transition et ces états émotionnels très fluctuants.

Nous avons appris à les accepter pour mieux rebondir.

...

DISTINGUONS DEUX SORTES DE CHANGEMENTS :

- **Les changements qui ne sont pas de notre ressort :** un décès, la maladie, un licenciement, un confinement dû à une pandémie…
- **Ceux que nous décidons :** déménagement, expatriation, changement de carrière...

Ce sont des situations très différentes. Il y a les changements auxquels nous avons pu nous préparer et que nous avons anticipés. Cela aide la traversée, mais cela ne veut pas dire que c'est plus facile.

Et il y a ceux que l'on n'a pas voulus, brutaux, immédiats, des ondes de choc qu'il faut encaisser.

QUE SE PASSE-T-IL DANS CES PÉRIODES DE CHANGEMENT ?

Nous avons retenu l'approche systémique pour vous éclairer sur le processus du changement. Le scientifique à l'origine de cette analyse est Gregory Bateson, de l'école de Palo Alto (1952).

Il nous parle de systèmes — l'entreprise, la maison, notre famille — comme de plusieurs éléments qui interagissent.

Chaque système vise à préserver son équilibre. On parle alors d'homéostasie. Et on étudie la façon dont le système se régule. Si un changement survient, tout l'équilibre est perturbé. Pensez à un mobile. Si on fait bouger un point du mobile, tout se met à tanguer puis tend à retrouver son équilibre.

Un peu comme quand on fait un pas. On lève la jambe et on se retrouve en déséquilibre pendant un court moment. L'équilibre revient lorsqu'on a reposé le pied par terre.

Parfois, le système doit se modifier et s'adapter pour retrouver une nouvelle stabilité. Il peut traverser une crise. Celle-ci peut être perçue comme un danger, mais elle peut surtout devenir une source d'opportunités (se découvrir, s'écouter, créer de nouvelles relations, redonner du sens à sa vie…).

POURQUOI EST-IL DIFFICILE ET DÉSTABILISANT DE CHANGER ?

Le changement n'est pas naturel. Nous autres humains avons plutôt tendance à ne pas vouloir changer. Nous cherchons à rester en homéostasie. Nous aimons l'équilibre.

Les résistances sont inhérentes à tout changement. Quand cela nous arrive, il est important d'identifier nos blocages, de nommer nos peurs, d'apprivoiser l'incertitude.

Il faut être prêt à explorer de nouvelles voies, à adopter des comportements inhabituels. Et surtout à soutenir nos efforts dans la durée pour que le changement s'opère. Car, si on le gère bien, le changement est un formidable renouveau.

Et la bonne nouvelle, c'est que nous sommes tous capables de cela. En particulier grâce à la neuroplasticité du cerveau.

Cette découverte est pleine d'espoir car elle nous montre que le cerveau est capable de s'adapter, de changer ses habitudes. C'est le principe du *use it or lose it* (« on s'en sert ou on le perd »).

> « La neuroplasticité est la faculté du cerveau à se réorganiser quand il subit un changement. »
>
> NORMAN DOIDGE, PSYCHIATRE ET CHERCHEUR

LA COURBE DU CHANGEMENT

Lors des changements que nous vivons, un processus de deuil se met en place. Le mot est fort, mais n'ayez pas peur. C'est juste pour illustrer le chemin à parcourir.

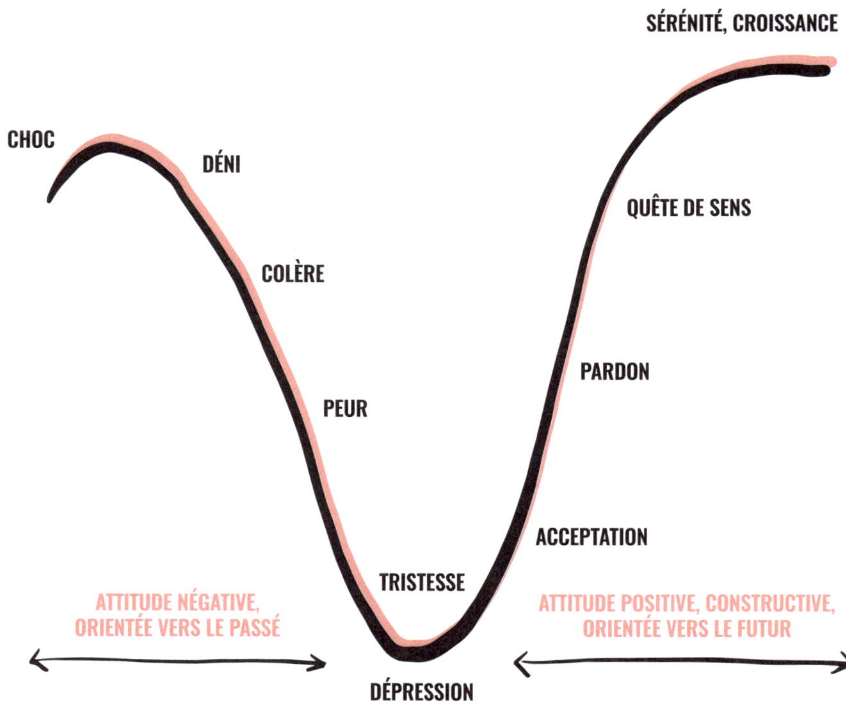

Ce processus permet d'intégrer et de digérer les changements. Il est important de passer par chaque étape. On ne suit pas forcément l'ordre de cette courbe. Mais vivre les étapes descendantes permet d'être prêt pour remonter la pente.

LE NAGEUR DE LA POINTE DE LA TORCHE, EN BRETAGNE

Pensez à un nageur seul sur une immense plage en Bretagne. Le vent souffle, les vagues se succèdent, les courants puissants causés par les baïnes emportent tout vers le large.

Si vous êtes en pleine période de changement, vous êtes comme ce nageur face à l'océan déchaîné. Si vous nagez contre le courant, vous résistez un moment, mais vous ne tenez pas longtemps, vous vous épuisez vite. Si vous êtes pris dans une baïne, la seule chose à faire, c'est de ne pas paniquer, de vous laisser porter, ne surtout pas perdre votre énergie à nager à contre-courant. Il faut accepter de vous laisser conduire jusqu'à la formation des vagues, loin du rivage, pour pouvoir revenir en nageant, porté par les déferlantes pleines d'énergie, jusqu'à la côte.

Il y a donc des techniques pour traverser les vagues et gérer les courants dangereux.

Il y a aussi des techniques pour traverser les changements sans se noyer.

• • •

NOS TROIS CONVICTIONS POUR TRAVERSER LES PÉRIODES DE CHANGEMENT AVEC SÉRÉNITÉ

1. PRENDRE SOIN DE SOI, PLUS QUE D'HABITUDE

En période de changement, pour maintenir une énergie positive, il faut prendre soin de soi comme jamais. Les Américains diraient qu'il faut maximiser le *care* en osant prendre du temps pour se faire du bien. Ne pas avoir peur de passer pour un égoïste. Un peu comme dans *Le Petit Prince*, la rose s'accorde le temps de prendre soin d'elle :

> « J'appris bien vite à mieux connaître cette fleur. (…) Le petit prince, qui assistait à l'installation d'un bouton énorme, sentait bien qu'il en sortirait une apparition miraculeuse, mais la fleur n'en finissait pas de se préparer à être belle, à l'abri de sa chambre verte. Elle choisissait avec soin ses couleurs. Elle s'habillait lentement, elle ajustait un à un ses pétales. Elle ne voulait pas sortir toute fripée comme les coquelicots. Elle ne voulait apparaître que dans le plein rayonnement de sa beauté. Eh oui ! Elle était très coquette ! Sa toilette mystérieuse avait donc duré des jours et des jours. Et puis voici qu'un matin, justement à l'heure du lever du soleil, elle s'était montrée. »
>
> **ANTOINE DE SAINT-EXUPÉRY, *LE PETIT PRINCE*.**

Prendre soin de soi physiquement et émotionnellement, c'est aussi s'écouter, se respecter… Il est étonnant que nous soyons souvent plus doux avec les autres qu'avec nous-mêmes. Si quelqu'un commet une erreur, on le réconforte, on lui dit que ce n'est pas grave, que ce sont des choses qui arrivent. Mais si nous-mêmes commettons la même erreur, nous sommes capables de nous trouver nuls et de nous insulter intérieurement.

Il faut faire évoluer son dialogue intérieur et se parler avec bienveillance. Prendre soin de soi, rechercher le plaisir, se féliciter d'avoir réussi à se relever. User de l'autocongratulation (sans en abuser ;-).

Voilà une première conviction que nous avons eue assez tard, alors, on partage.

2. NE JAMAIS OUBLIER QUE NOUS SOMMES LES SEULS RESPONSABLES DE NOTRE BIEN-ÊTRE

En période de changement, nous devons être acteurs de notre vie et de notre épanouissement. Personne ne pourra le faire pour nous. C'est à nous d'enjoliver le quotidien en le parsemant de moments qui nous font du bien.

« Le vrai bonheur ne dépend d'aucun être, d'aucun objet extérieur. »

DALAÏ-LAMA

Selon une étude menée par Sonja Lyubomirsky, professeur de psychologie à l'université de Californie à Riverside, parue en 2005, le bonheur proviendrait pour 50 % de notre génétique, pour 10 % de notre situation actuelle et pour 40 % de nos actions.

LA JOIE DÉPEND DE VOTRE...

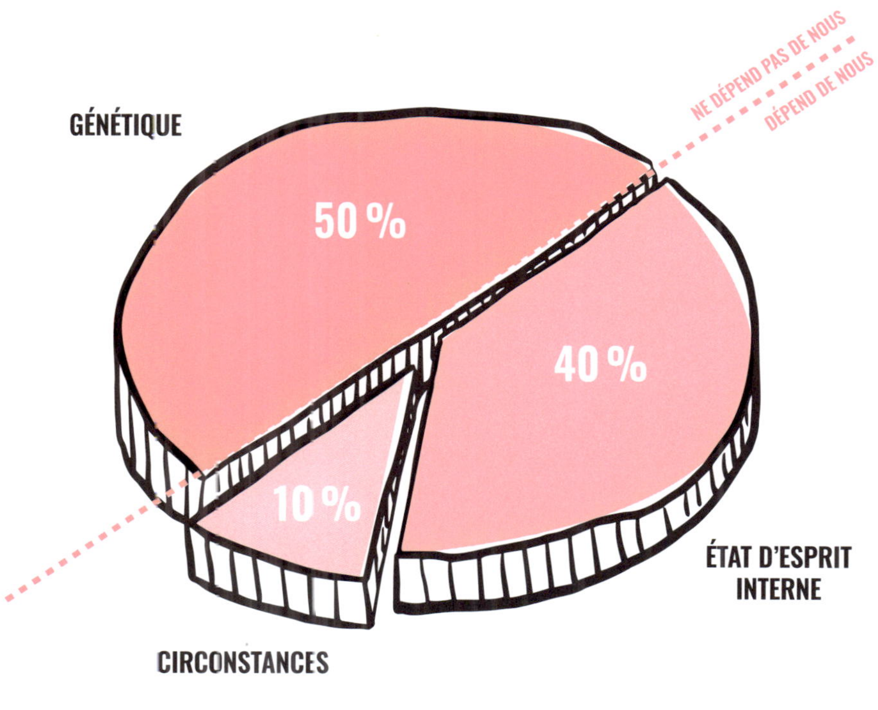

Les optimistes y verront la possibilité de contrôler une bonne partie de leur bonheur. Sonja Lyubomirsky nous dit que c'est essentiellement une question d'état d'esprit: « Les 40 % restants sont liés à nos activités volontaires, ce qu'on met en action et qui va donner des résultats. On n'est plus tributaire d'un destin fixé à l'avance, on est beaucoup plus puissant qu'on ne le croyait. »

À nous d'agir pour redonner du sens et un équilibre à ce que nous vivons.

3. S'OUVRIR À LA SÉRENDIPITÉ

Une clé testée, mille fois validée, c'est d'adopter l'état d'esprit de « sérendipité », le don de faire par hasard des découvertes fructueuses. L'art de faire des trouvailles par accident. Pour cela, il faut toujours garder l'esprit ouvert, curieux et laisser le hasard opérer.

Mais cela ne tombe pas du ciel. Il faut se bouger. Provoquer les rencontres, sortir, marcher dans la rue, pousser des portes inconnues, aller vers des gens différents.

Il faut enfin lâcher prise, arrêter d'être dans le contrôle tout le temps, développer la confiance dans l'inconnu.

S'ouvrir et avoir confiance dans ce qui va arriver.

LA TECHNIQUE DES ÉTINCELLES

Notre livre s'adresse à ceux qui souhaitent trouver une aide, des conseils et des astuces, pour mieux vivre les périodes de transition.

À chaque fois que vous verrez ce pictogramme, c'est une étincelle que nous vous proposons. Lisez-la doucement, essayez de vous l'approprier.

Une étincelle possède en effet un pouvoir extraordinaire. Quand on y pense, il suffit d'une seule étincelle pour faire démarrer le moteur d'une voiture. Ou allumer le gaz d'une cuisinière. Mais une simple étincelle peut aussi déclencher un brasier !

La Technique des étincelles, c'est un concentré d'éclairages, d'idées et d'actions. Des exercices et de petits challenges, souvent simples et toujours efficaces.

À la lumière d'apports scientifiques et de techniques de développement personnel, nous avons regroupé toutes les méthodes que nous avons testées et que nous savons efficaces. Pour vous aider à trouver de l'énergie, à la garder et même la booster dans ces périodes de changement.

Nous y avons glissé plein d'exemples, d'histoires de vie, pour que chacun puisse s'identifier et se projeter.

Et puis, pour que ce livre soit vraiment utile, nous avons ajouté des activités, des petits exercices pour s'y mettre, en vrai.

Tout ne s'appliquera pas à tout le monde, bien sûr. Notre idée est que chacun pioche dans les pages des chapitres qui suivent et choisisse ce qui lui parle. On essaie, on s'approprie, on se lance. On sort de sa zone de confort, on tente de nouvelles choses.

Même si vous, chère lectrice, cher lecteur, ne gardez qu'une seule étincelle, que vous l'utilisez (vraiment) et qu'elle vous fait du bien, on aura fait le job.

Car cette étincelle est peut-être celle qui vous aidera à vivre (ou survivre à) ce moment difficile. Celle qui vous rendra plus résilient, plus apte à rebondir en période de changement ou de stress. Boris Cyrulnik, neuropsychiatre qui a vulgarisé le concept de résilience en France, nous parle de « l'art de naviguer entre les torrents ». Que ces étincelles vous accompagnent dans votre parcours.

Vous verrez, ça marche.

CHAPITRE 1

FAIRE CONFIANCE À NOS ÉMOTIONS ET À NOS BESOINS POUR GUIDER NOS ACTIONS

—

“J’accepte la grande aventure d’être moi.”

SIMONE DE BEAUVOIR

Quand on traverse une période de changement, on ressent souvent de l'inconfort, du stress, voire un certain malaise. On doute, on se pose des questions. Il nous arrive même de nous mettre en colère, ou de pleurer.

C'est normal.

Prenez le temps de vous écouter vraiment, de prendre conscience de ce que vous êtes en train de vivre.

1. METTRE DES MOTS SUR CE QUE NOUS RESSENTONS

Dans les périodes de doute et d'inconfort, chaque action peut nous demander une force surhumaine. On a l'impression d'être au pied d'une montagne infranchissable.

Parfois, on ne sait même plus ce qui nous fait plaisir ou pas. On est désorienté.

Un peu comme une voiture qui roulerait en pilote automatique et puis s'envolerait… On actionne les pédales dans le vide et on n'est plus accroché à rien.

Eh bien, c'est justement dans ces moments-là qu'il faut se reconnecter, aller chercher le câble qui nous reliera à la terre.

Ce câble, ce sont nos émotions.

Prendre conscience de nos émotions, être capable de les nommer, est un outil puissant pour se sentir vivant et adopter les bonnes décisions.

Car **les émotions agissent comme une boussole**. Dans les périodes de changement et de transition, où l'on vit de grosses turbulences, il est important de commencer par s'écouter et prendre soin de soi. C'est ainsi qu'on gagne en confiance et en sérénité pour avancer.

QU'EST-CE QUE C'EST, UNE ÉMOTION ?

Daniel Goleman, grand psychologue américain spécialiste de l'intelligence émotionnelle, désigne par émotion « à la fois un sentiment et les pensées, les états psychologiques et biologiques particuliers, ainsi que la gamme de tendances à l'action qu'elle suscite ».

Une émotion est donc une force motrice, une énergie, qui déclenche chez nous une action. Elle est physique. Une émotion se sent, se ressent et... se gère. D'ailleurs, le mot « émotion » vient du latin *emovere*, qui signifie « se mettre en action ».

C'est, par exemple, la joie de retrouver un enfant après un long moment de séparation, la fierté d'une réalisation professionnelle, la tristesse de perdre un être cher...

On n'a pas toujours appris à identifier nos émotions et à les nommer. Souvent, cela dépend de la famille dans laquelle on a grandi.

EXEMPLES

Dans la famille de Caroline, tout le monde exprime ses émotions. Quand ils se voient, ils s'embrassent, se font des câlins, des hugs, se disent « je t'aime ». Ils crient aussi, souvent ! Ils pleurent, parfois. Personne ne cache sa colère ou son énervement. Les dîners de famille sont souvent animés.

Chez Grégory, en revanche, on ne montre jamais ses émotions. On s'embrasse du bout des lèvres. On se dit rarement qu'on s'aime. On n'a pas le droit d'être en colère ni de pleurer. On peut être triste, mais il est interdit de s'énerver.

À VOUS DE JOUER

Entraînez-vous à nommer ce que vous vivez.

Ces dernières vingt-quatre heures, pouvez-vous identifier une émotion que vous avez ressentie ? Une grande ou une petite joie ? De la tristesse, de la frustration ? Qu'est-ce qui l'a déclenchée ?

Est-ce que vous en avez eu conscience sur le moment ?

La prochaine fois, essayez de noter ou de remarquer les émotions qui vous traversent.

(...)
Là, tout de suite, maintenant, par exemple. Vous êtes en train de lire.

Comment vous sentez-vous ?

Regardez les dessins en page 30. Est-ce que l'un d'eux vous parle ? Décrit-il l'état dans lequel vous vous sentez ?

N'hésitez pas à revenir sur cette page, de temps en temps. Le matin, le soir, dans la journée. Cela vous permet de vous poser et de prendre la température de votre état intérieur.

QUELLES SONT LES DIFFÉRENTES ÉMOTIONS ?

Nous avons choisi de vous présenter les travaux de Paul Ekman, psychologue américain de renommée mondiale né en 1934.

Il a identifié six émotions qui ont un point commun : elles génèrent une même expression faciale quels que soient l'âge, la race, le pays d'origine ou le sexe de celui ou celle qui les éprouve.

Ekman les nomme **« émotions universelles »** (voir page 32) ou **émotions primaires**. Les voici :

- **la peur;**
- **la colère;**
- **la tristesse;**
- **le dégoût;**
- **la joie;**
- **la surprise.**

- Chaque émotion a une fonction

Les émotions agissent comme un système d'alarme.

Chacune a sa raison d'être. Elles nous permettent de renseigner notre cerveau sur une situation à résoudre, sur des besoins à prendre en compte. Par exemple, la peur nous renseigne sur un danger.

Mais il existe bien sûr d'autres émotions, qui peuvent se coupler.

Ce sont les émotions secondaires. Le mépris, par exemple, est un mélange de colère et de peur. Et ces émotions se conjuguent à l'infini (dans la limite du vocabulaire de notre langue).

En voici quelques exemples : la culpabilité, la honte, l'embarras, le plaisir, la complaisance, l'enthousiasme, la fierté, la satisfaction…

Vous avez compris que **les émotions ne sont pas bonnes ou mauvaises. Elles sont plutôt agréables ou désagréables.**

COMMENT VOUS SENTEZ-VOUS ?

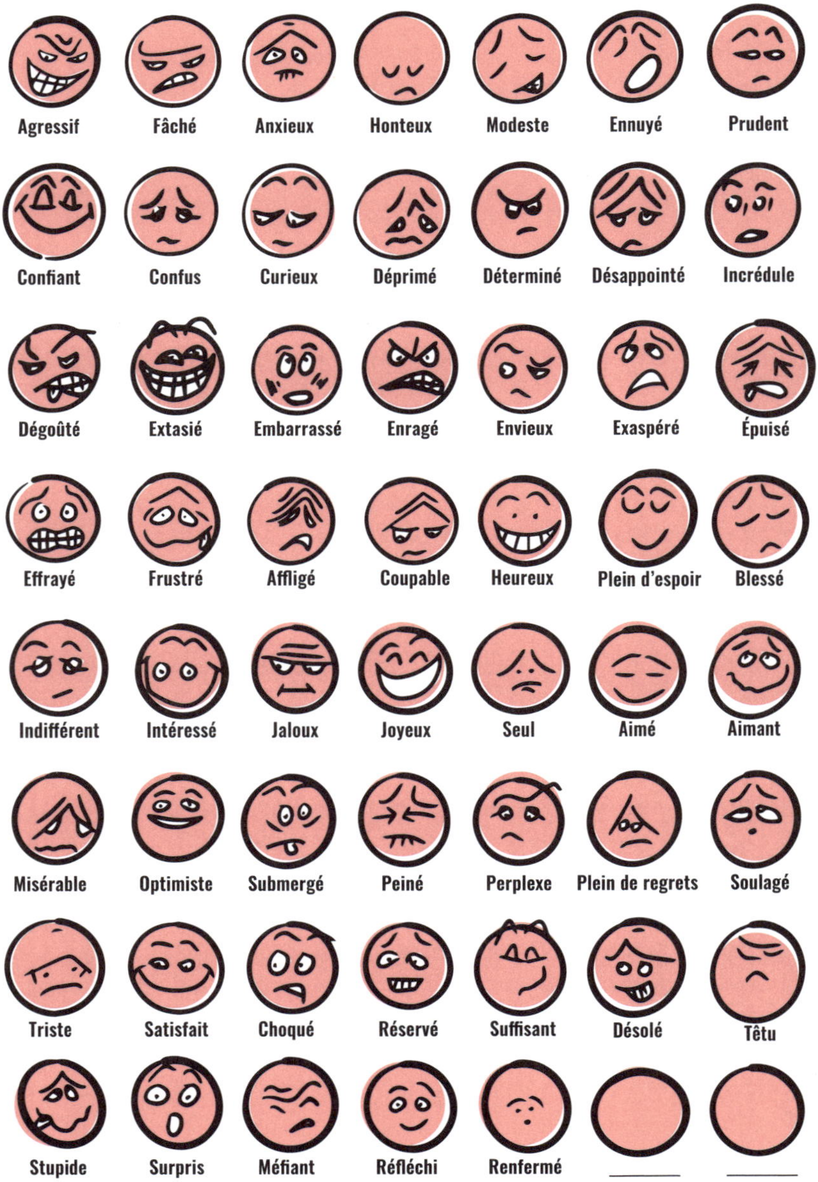

QUELLES SONT LES PARTICULARITÉS DES ÉMOTIONS ?

Les émotions sont d'abord corporelles. On les ressent physiquement. Elles ont une intensité souvent liée à l'élément déclencheur et elles évoluent avec le temps.

- Une émotion est corporelle

L'émotion, ce n'est pas un concept marketing. C'est une réalité physique que l'on ressent dans tout le corps : des rires, des larmes, une rougeur du visage, une pâleur, un cœur qui s'accélère, des frissons, une gorge qui se serre…

EXEMPLE

Alexis est claustrophobe et, comme par hasard, il se retrouve coincé dans un ascenseur. Immédiatement, il est angoissé : sa respiration devient plus rapide, il va peut-être se mettre à transpirer, voire à trembler. Son corps est en train de lui envoyer des signaux.

Pour nous connecter à nos émotions, nous avons besoin de prendre conscience de nos sensations corporelles. Cela demande un petit effort d'analyse et d'écoute de soi. Il faut se questionner.

Ce n'est pas si difficile. Il suffit d'essayer.

LES ÉMOTIONS UNIVERSELLES

ÉMOTION	FONCTION	BESOINS IMMÉDIATS	BESOINS PROFONDS
La peur	Elle alerte sur un danger connu ou inconnu, un sentiment d'insécurité	Trembler, fuir pleurer, crier	Être en sécurité, protégé, être rassuré
La colère	Elle est le signe d'une frustration, d'une injustice ou d'une atteinte à notre intégrité	Libérer de l'énergie, courir, attaquer, se défendre, faire une pause	Être respecté, être compris, être écouté, besoin de justice, de réparation, de changement
La tristesse	Elle est liée à une perte	Pleurer, chercher du réconfort, se replier sur soi-même	Être consolé, être pris dans les bras
Le dégoût	Il agit comme un mécanisme de défense pour nous protéger des infections et des actes immoraux	Fuir, prendre de la distance, vomir	Repousser ce qui est dangereux, avoir besoin de choses saines
La joie	C'est l'émotion de la réussite, de la rencontre, émerveillement, gratitude	Rire, sauter de joie, danser, chanter, serrer quelqu'un dans ses bras	Partager, célébrer, être en lien avec les autres
La surprise	Elle peut être positive ou négative et nécessite de prendre un temps de recul avant d'agir	Respirer, reprendre ses esprits	Faire face à l'imprévu et trouver l'action adaptée, besoin de temps

À VOUS DE JOUER

Au cours de la journée, il peut y avoir un moment où vous sentez qu'il se passe quelque chose : une tension ou au contraire une énergie très forte. Votre cœur bat plus fort, vous avez les mains moites, vous respirez plus vite.

Peut-être parce que quelqu'un est entré dans votre bureau, vous a dit quelque chose et vous vous sentez mal. Ou votre journée est jalonnée d'imprévus : vous avez fermé la porte avec la clé dans la serrure à l'intérieur, on vous a appelé pour aller récupérer un enfant malade à l'école, le métro est resté coincé entre deux stations…

Dans ces moments-là, prenez le temps de respirer. Fermez les yeux, si vous le pouvez, et concentrez-vous sur ce qui se passe dans votre corps. Y a-t-il des zones de tension quelque part ? Avez-vous le ventre noué, une douleur dans l'épaule, une difficulté à respirer ?

Identifiez ce qui se passe dans votre corps. Vous pourrez ensuite mettre un mot sur l'émotion que vous vivez (sans jugement, bien sûr, et avec beaucoup de bienveillance, promis ?).

- Une émotion a une intensité

L'intensité de l'émotion est liée à l'importance de l'événement. Il y a une différence d'intensité entre perdre un être cher et arriver en retard à une réunion ou égarer la clé de l'antivol de son vélo…

Ainsi, plus on sera fin dans l'analyse de nos émotions, plus on sera à même de les utiliser pour guider nos actions.

Il est important, pour identifier ses émotions, d'avoir accès à un vocabulaire précis. Ce n'est pas pareil d'être énervé, irrité, haineux, contrarié ou agressif. Ou bien ravi, passionné, rassasié, à l'aise, lumineux, exubérant, jovial, affectueux, heureux…

On a découvert aux États-Unis à quel point le vocabulaire anglais était riche pour décrire les émotions. *Grumpy*, par exemple, qui signifie « grincheux », se dit de plus de dix façons différentes.

À VOUS DE JOUER

Entraînez-vous à mettre des nuances sur les émotions que vous vivez.

Imprimez notre liste d'émotions ci-contre et affichez-la dans un endroit où vous passez souvent, sur votre bureau, dans votre cuisine. Cela vous permettra de vous entraîner à identifier vos émotions (et celles des autres tant qu'à faire).

- Une émotion évolue dans le temps

À l'origine d'une émotion, il y a toujours une ***krisis***: c'est l'événement à l'origine du changement d'état. Une émotion est souvent déclenchée par un événement extérieur.

EXEMPLE

Emmanuelle a une réunion très importante à 9 heures, elle est dans sa voiture et un camion-poubelle bloque la rue.

Le camion, c'est la *krisis*. Elle déclenche une émotion chez Emmanuelle: la peur (d'être en retard), qui engendre immédiatement du stress, de l'énervement.

- Une émotion a un cycle de vie

Son intensité est très forte au départ. Puis elle diminue avec le temps.

EXEMPLE

Apolline a été reçue à son examen. Quand elle apprend le résultat, elle explose de joie. Une joie intense. Une émotion très forte. Le soir, elle fête cette bonne nouvelle. Et puis, avec les heures qui passent, l'émotion diminue petit à petit pour laisser place à d'autres émotions.

L'idée ici, c'est de **prendre conscience du moment où l'émotion apparaît.**

Lorsque vous ressentez une émotion, si vous en prenez conscience, si vous êtes capable de la nommer avec précision, il sera alors plus facile de la gérer et de l'utiliser à bon escient.

LISTE D'ÉMOTIONS

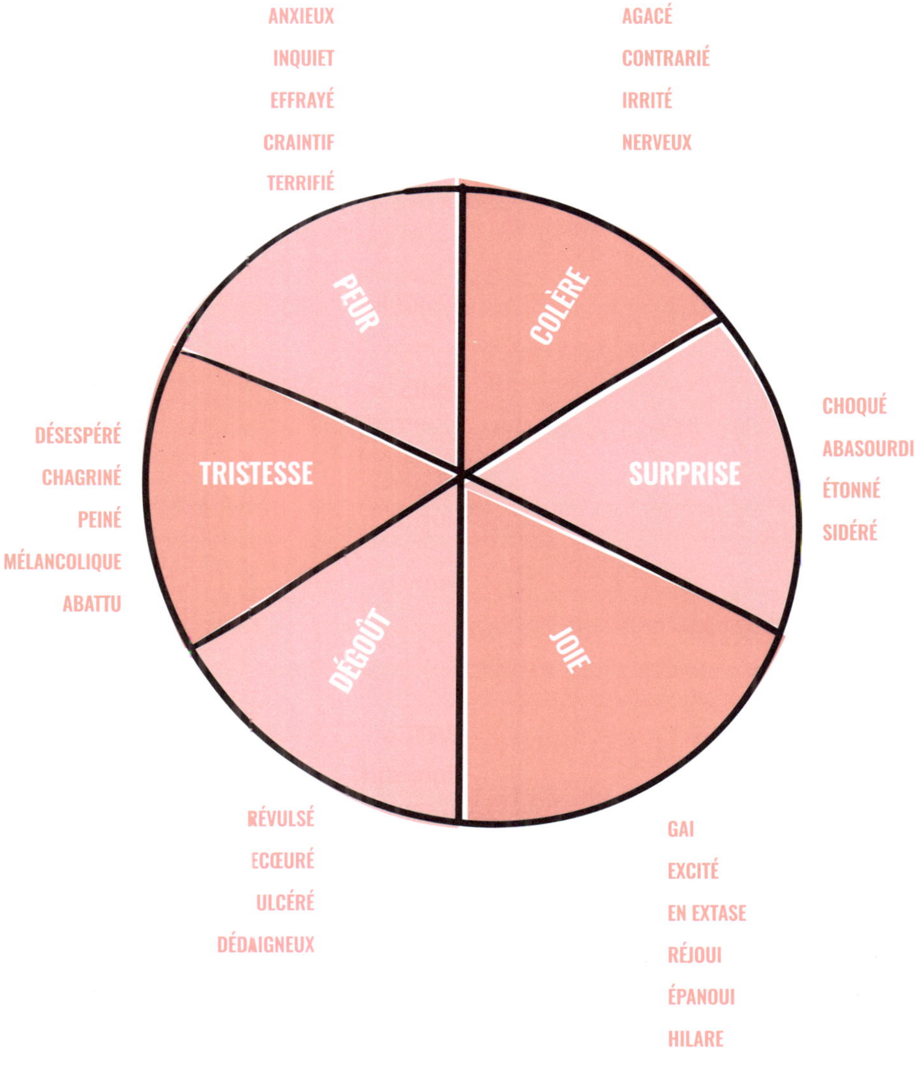

Si c'est une émotion positive, agréable, vous pourrez la faire durer le plus longtemps possible.

À l'inverse, si on ne prête pas attention à une émotion négative ou si on la rumine trop longtemps, elle s'installe. Et pourra revenir sous la forme d'une douleur physique, ou d'une charge émotionnelle forte, si un événement déclencheur similaire se produit.

EXEMPLE

Martin n'avait pas peur en avion, jusqu'au jour où un réacteur a pris feu, l'avion a dû atterrir d'urgence après une heure de stress général où tout le monde s'est vu mourir. Depuis, il tremble dès qu'il remonte dans un avion.

S'il ne gère pas cette émotion, il aura peur toute sa vie dès qu'il verra un avion.

Vous voyez la puissance d'une émotion !...

La bonne nouvelle des découvertes des neurosciences des dix dernières années, c'est que **notre cerveau est plastique**. Plus vous vous entraînerez à identifier vos émotions, plus vous y arriverez. Votre cerveau le fera automatiquement.

C'est ainsi qu'on commence à développer notre intelligence émotionnelle. Nous avons tous besoin d'elle pour gagner en sérénité et en authenticité.

2. APPRENDRE À DÉCRYPTER NOS BESOINS DERRIÈRE NOS ÉMOTIONS

NOS ÉMOTIONS NOUS ÉCLAIRENT SUR NOS BESOINS

Les besoins, ce sont les « manifestations de la vie », selon Marshall Rosenberg, psychologue américain né en 1934 et inventeur de la communication non violente (CNV). « Ils sont l'énergie vitale qui nous mobilise pour agir dans le sens qui va nous faire croître. » Ils sont universels et bien évidemment propres à chacun d'entre nous.

– **Ce sont nos émotions qui peuvent nous aider à décrypter nos besoins**

Quand on ressent une émotion positive, cela signifie que notre besoin est satisfait. À l'inverse, une émotion négative nous renseigne sur un besoin insatisfait.

EXEMPLES

Jean travaille depuis dix ans dans la même entreprise. Il a toujours rêvé de voyages et de grandes découvertes. Mais il n'a jamais pu partir loin car il n'avait ni le temps ni les moyens. Quand il a été nommé à Lisbonne par sa société, qui ouvrait un bureau au Portugal, il a éprouvé une grande joie, celle de vivre dans un autre pays. Son besoin d'accomplissement a été satisfait, parce qu'il réalisait un rêve.

Anne-Laure est enceinte de son premier enfant. Elle travaille dans un magasin où elle voit du monde toute la journée. De retour de la clinique, après l'accouchement, elle se retrouve seule chez elle, avec son bébé qui dort toute la journée. Elle se sent perdue.

C'est en renouant avec d'autres mamans qui ont fait la préparation à l'accouchement avec elle qu'elle pourra finalement créer des liens et nourrir son besoin d'appartenance.

« L'homme mérite qu'il se soucie de lui-même car il porte dans son âme les germes de son devenir. »

CARL GUSTAV JUNG

LES BESOINS SONT UNIVERSELS

Abraham Maslow, génial psychologue américain des années 1940, nous apporte un éclairage sur les besoins que nous avons. Il a inventé cette célèbre pyramide, toujours d'actualité.

Maslow a regroupé les besoins en cinq catégories hiérarchisées de façon croissante. Pour pouvoir monter les étages de la pyramide, il faut avoir satisfait le besoin inférieur.

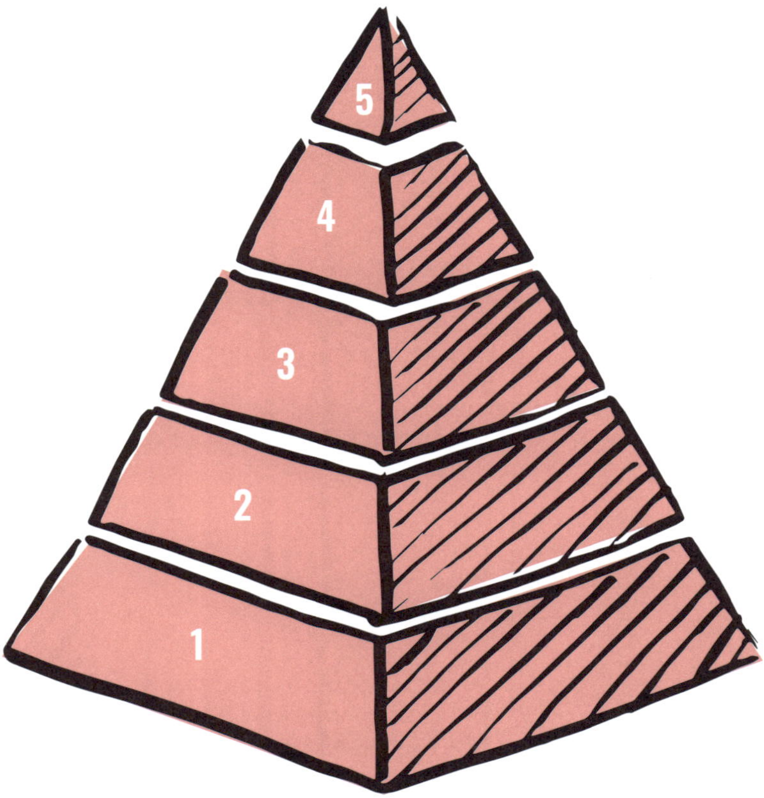

PYRAMIDE DE MASLOW

1
BESOIN PHYSIOLOGIQUE

2
BESOIN DE SÉCURITÉ

3
BESOIN D'APPARTENANCE

4
BESOIN D'ESTIME

5
BESOIN D'ACCOMPLISSEMENT DE SOI

À LA BASE DE LA PYRAMIDE, LES BESOINS PRIMAIRES:

1. **Besoin physiologique**
Les besoins «basiques»: la faim, la soif, la respiration, l'élimination, le sommeil...

2. **Besoin de sécurité**
Vivre dans un environnement stable, sans crise, sans anxiété, avec un certain confort matériel.

QUAND ON MONTE DANS LA PYRAMIDE, ON TROUVE LES BESOINS SECONDAIRES:

3. **Besoin d'appartenance**
Les liens sociaux. L'affection, l'amour (relation amoureuse, amour filial, cohésion familiale, amitiés…).

4. **Besoin d'estime**
Motivations plus personnelles: le respect, la confiance en soi.

5. **Besoin d'accomplissement de soi**
Se réaliser, trouver sa mission, sortir de soi-même, se surpasser.

COMMENT RECONNAÎTRE ET CLARIFIER NOS PROPRES BESOINS?

Reconnaître et nommer nos propres besoins, c'est déjà commencer à les satisfaire. Car cela nous permet d'envisager la possibilité d'une solution et facilite les passages des zones de turbulences.

EXEMPLE

Jacqueline vient de divorcer, elle se sent seule. Si elle identifie le fait qu'elle ressent un besoin d'appartenance, elle va tout faire pour s'entourer, nouer des liens. Elle programme un déjeuner par semaine avec ses amies, elle rejoint un groupe de son quartier motivé par la marche nordique.

Si elle considère qu'elle a aussi un besoin de réassurance, elle va chercher à développer ses compétences et apprendre de nouvelles choses. Elle s'inscrit dans un cours d'improvisation et de théâtre et suit un cycle de conférences une fois par mois.

Elle prend ainsi soin de ses besoins.

À VOUS DE JOUER

Cette roue représente huit domaines de vie.

Évaluez votre degré de satisfaction dans chaque thème et coloriez sur l'échelle de 0 à 10 la note que vous vous donnez.

Cela vous aidera à savoir dans quels domaines vous voulez diriger vos actions.

Pouvez-vous désormais identifier vos besoins ? (Voir liste ci-contre.)

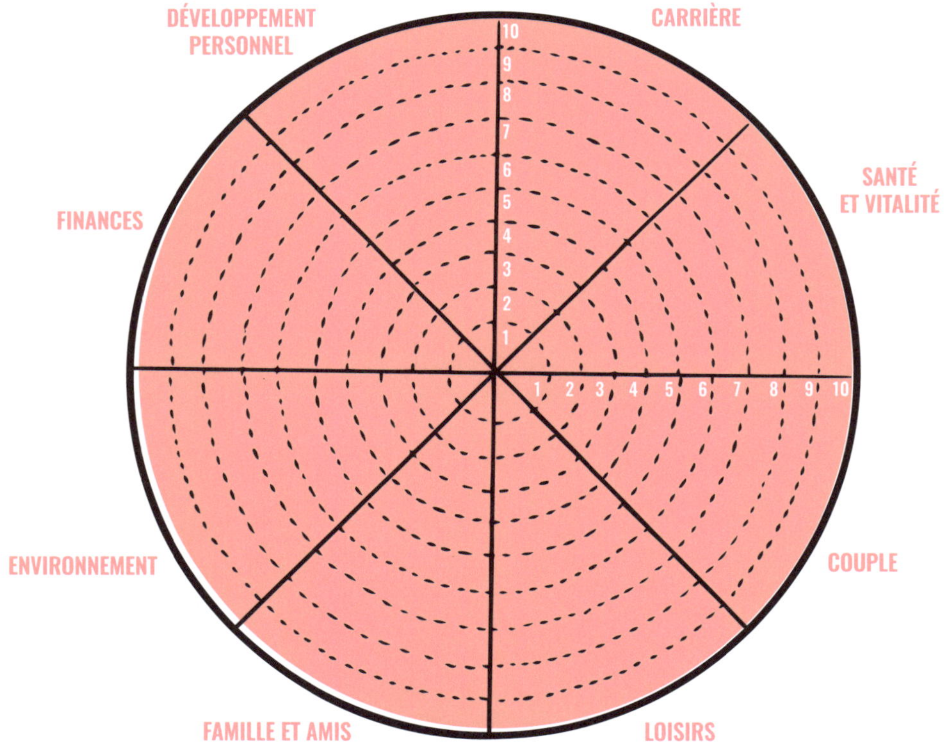

LISTE DES BESOINS

Voici notre liste, assez complète mais non exhaustive. Les besoins humains sont infinis...;-)

Abri
Acceptation
Affection
Aider
Amour
Amusement
Appartenance
Appréciation
Apprentissage
Attention
Authenticité
Auto-accomplissement
Autonomie
Aventure
Beauté
Bien-être
Bienveillance
Célébration de la vie
Chaleur humaine
Clarté
Cohérence
Communion avec les autres
Compagnie
Compassion
Compétence
Compréhension
Concertation
Confiance
Connaissance
Connexion
Considération
Contact
Contribution à enrichir la vie

Contribution au bien-être d'autrui
Coopération
Créativité
Croissance
Découvrir de nouvelles choses
Défoulement
Délicatesse
Détente
Faire le deuil
Échanger, recevoir des autres et leur donner
Efficacité
Égalité
Empathie
Épanouissement
Équilibre
Espoir
Estime
Évasion
Exister
Exotisme
Expression de soi
Gratitude
Harmonie
Honnêteté
Humour
Identité
Intégration
Intégrité
Interdépendance
Intimité
Jeu
Justice
Légèreté

Liberté
Mouvement (exercice)
Ordre
Paix
Partage
Physiologie (abri, eau, air, nourriture, repos, mouvement, contact physique)
Plaisir physique
Pouvoir
Présence humaine
Protection
Proximité
Réalisation
Recherche de sens
Réconfort
Reconnaissance
Repos
Respect mutuel
Respiration
Ressourcement
Rêver
Rire
Se sentir en vie
Sécurité affective
Sécurité matérielle
Sens et efficacité
Signification
Sincérité
Soutien
Spiritualité
Spontanéité
Transparence
Unité
Voyage

COMMENT NOURRIR NOS BESOINS ?

On a compris qu'on éprouvait des émotions.
Qui répondaient à des besoins.

On commence à savoir comment définir nos besoins.
Il faut maintenant s'en occuper. Les nourrir.

Alors, question toute bête :
quand on a identifié un besoin, qu'est-ce qu'on fait ?

- On peut satisfaire ses propres besoins tout seul

1er cas de figure : on satisfait son besoin au plus vite.

EXEMPLE
Marc est au bureau, il a très chaud. Il va ouvrir la fenêtre et prendre un verre d'eau. Facile.

2e cas : on choisit de ne pas le satisfaire tout de suite pour privilégier un besoin supérieur.

EXEMPLE
Tim a une présentation très importante la semaine prochaine sur laquelle il travaille depuis trois mois. Il s'est programmé plusieurs activités cette semaine et sent le stress monter par rapport à l'échéance. Il choisit de différer, voire d'annuler certaines activités pour nourrir son besoin de réalisation.

- On peut aussi faire appel aux autres : l'art de demander

Une demande, c'est toujours une question.
Il faut savoir la poser et, surtout, oser la poser.

1. Commencez par **exprimer clairement votre demande**, pour vous-même. Pour qu'elle ait le plus de chances d'être entendue, essayez de la tourner de façon positive (demandez plutôt *ce que vous voulez* que *ce que vous ne voulez pas*).
2. **Choisissez le bon interlocuteur.**

3. **Formulez votre demande en parlant à la première personne du singulier**. « J'aimerais, je voudrais, j'ai besoin… » Faites-le d'une façon ferme. Ne tournez pas autour du pot. Ne vous tirez pas une balle dans le pied en donnant à votre interlocuteur les raisons de ne pas y répondre. Votre demande doit être explicite, claire et précise. Trop implicite, elle pourrait être mal interprétée. Allez droit au but. La demande doit être réalisable et négociable.
4. **Choisissez le bon moment.** Pensez à un enfant qui réclame une PlayStation le jour où il a une mauvaise note, ou à quelqu'un qui négocie une augmentation alors qu'il vient de s'écharper avec son boss. Vous voyez ce qu'on veut dire…
5. **Vérifiez que la personne à qui vous avez fait votre demande a bien compris**. Et laissez-lui le temps de la digérer et d'y réfléchir.

Car n'imaginez pas que les autres vont deviner votre demande.

EXEMPLE

Le jour où elle déménage, Constance sent qu'elle ne va pas réussir à tout gérer avec ses deux enfants en bas âge. Au lieu d'essayer de tout gérer toute seule et de risquer la crise, elle ose demander la semaine précédente à deux amies de prendre chacune l'un de ses enfants.

Il est capital de savoir demander de l'aide.
Exprimez clairement votre demande
pour que les autres l'entendent.

Encore une étincelle, qui semble simple, mais qui n'est pas si facile à allumer. Promis, elle est salvatrice !

Car, si on ne demande jamais rien, il est rare qu'on obtienne magiquement tout ce qu'on veut.

À VOUS DE JOUER

Cette semaine, identifiez un besoin que vous avez et une demande que vous pourriez faire à quelqu'un. Rédigez-la. Identifiez la bonne personne. Et lancez-vous !

Vous serez surpris de voir tout ce qu'on obtient quand on demande simplement.

S'écouter, mettre des mots sur ses émotions, identifier ses besoins. Savoir demander quand on ne peut pas tout faire tout seul, ce sont des premiers pas.

Maintenant, on passe aux choses sérieuses.

3. DOPER NOS ÉMOTIONS POSITIVES

Barbara Fredrickson est professeur de psychologie à l'université de Caroline du Nord, aux États-Unis. Diplômée de Stanford, elle a formalisé le concept d'« émotions positives ». Nous, on l'adore. Nous vous conseillons de lire tout ce qu'elle a écrit, de regarder ses conférences sur YouTube ou de suivre ses cours sur Coursera.

Elle a publié en 1998 dans la revue *Review of General Psychology* un article intitulé « What good are positive emotions ? ». C'est le premier article théorique de psychologie positive.

Selon elle, « les émotions positives ouvrent l'esprit et élargissent la palette des pensées et des actions. Elles engendrent des comportements flexibles, accueillants, créateurs et réceptifs ».

Elle a identifié dix émotions positives. Il est très important de les connaître, surtout en période de changement, quand tout bouge autour de vous.

Apprenez-les par cœur, notez-les sur un Post-it, dans votre agenda ou affichez-les dans les toilettes, pourquoi pas. Nous, on les a mises sur le frigo.

Découvrez et appropriez-vous ces émotions positives. Prenez conscience de ce qui les déclenche chez vous.

Voici la liste en anglais (avec la traduction en français), car selon les ouvrages il y a de petites différences. De manière générale, on a tendance à préférer l'original, mais on vous met tout et vous choisirez celles qui vous parlent le plus :

JOY > *la joie*
INSPIRATION > *l'inspiration*
INTEREST > *la curiosité*
SERENITY > *la sérénité*
GRATITUDE > *la gratitude*
AMUSEMENT > *l'amusement, le contentement*
AWE > *l'admiration, l'émerveillement*
HOPE > *l'espoir*
PRIDE > *la fierté*
LOVE > *l'amour, bien sûr !*

C'est prouvé, toutes ces émotions positives agissent comme un vrai booster.

Quand vous êtes dans une période difficile, que par exemple vous veniez d'apprendre que vous êtes malade, ou que vous divorciez, que vous partiez au bout du monde ou à cent kilomètres, ou que vous changiez de travail, une chose peut vous aider. Une chose qu'on ne pourra jamais vous enlever et dont vous êtes le seul responsable : **faites-vous du bien !**

Cultivez à fond ces émotions positives ! Usez-en et abusez-en. Vous êtes le seul capable de savoir quand et comment en parsemer votre quotidien.

EXEMPLE

Roland a besoin de rire dans la journée. Cela lui procure une émotion positive qui le met instantanément de bonne humeur et le détend. Il aime regarder des vidéos humoristiques sur YouTube et sait trouver celle qui le fera sourire, voire éclater de rire.
Il commence toutes ses journées par ça. Et on l'entend rire dès le petit déjeuner.

Barbara Fredrickson nous explique que ressentir des émotions positives favorise une spirale ascendante (c'est la théorie *broaden-and-build*). On commence par avoir de nouvelles idées, on s'ouvre plus socialement, cela nous donne envie d'essayer de nouvelles choses, de développer d'autres ressources. Finalement, on est plus épanoui. Il a même été démontré qu'on est en meilleure santé.

Elle a prouvé que les émotions positives nous aident à être plus résilients, plus ouverts, mieux intégrés socialement, plus créatifs.

À VOUS DE JOUER

Choisissez une émotion positive dans la liste de la page 45.

La sérénité, par exemple. Réfléchissez à ce qui vous procure cette émotion. Le silence ? Un beau paysage ? Une exposition dans un musée ? Une balade avec un bon copain ? Un jeu de cartes en famille, une tasse de thé ? Dès que vous aurez identifié le déclencheur, vous pourrez ressentir cette émotion positive.

Quand on a compris le mécanisme des émotions positives, on peut l'utiliser pour s'aider à surmonter des situations compliquées. Comme un starter pour nous redonner un coup d'énergie.

Si vous avez un événement ou un rendez-vous qui vous stresse, programmez-vous une séquence émotion positive juste avant ou après, voire les deux.

Par exemple, si vous avez un rendez-vous avec l'avocat pour votre divorce, prévoyez un *happy hour* avec un bon copain (ou une bonne copine) après.

Les émotions positives de Barbara Fredrickson, vous l'aurez compris, ont des pouvoirs magiques.

4. ACCEPTER DE VIVRE NOS ÉMOTIONS NÉGATIVES

Une autre étincelle, qui peut paraître contre-intuitive : acceptez de vivre vos émotions négatives. Ce sont des signaux qui nous permettent de mieux nous adapter à ce qui nous arrive et d'ajuster nos actions.

Elles nous alertent sur une insatisfaction, une atteinte à notre intégrité, un danger à éviter.

L'idée est d'essayer de **les identifier quand on les sent monter**. De mettre un mot dessus. Accepter d'être énervé, frustré ou de ressentir de la tristesse.

On se dit souvent : « Je suis triste, mais ce n'est rien, il y a des malheurs plus graves. » C'est une erreur : si on éprouve de la tristesse, il y a une raison. Une page se tourne ou on se sépare de quelque chose. Nos humeurs négatives portent un message, elles ont toujours quelque chose à nous dire.

Il ne s'agit pas, bien sûr, de rester bloqué dans nos émotions négatives et de se morfondre. Il faut les accepter et, surtout, les traverser.

EXEMPLE

Anne-Marie a trente-cinq ans et trois enfants. Elle apprend que son père est atteint d'une maladie dégénérative du cerveau à soixante-cinq ans. Quand la nouvelle tombe, le monde s'écroule autour d'elle. Elle est en colère que son père, si jeune, soit atteint de cette maladie si terrible. Elle traverse ensuite une phase de tristesse profonde, puis de désespoir. Chaque fois qu'elle y pense, elle essaie de relativiser, en se disant qu'elle va bien, ses enfants vont bien, ce n'est pas grave, il faut avancer. Elle se convainc que c'est la vie : les parents doivent partir un jour.

“Il y a deux façons de grandir, la souffrance et l’émerveillement.”

KARL DÜRCKHEIM,
PHILOSOPHE, PSYCHOTHÉRAPEUTE ET DIPLOMATE

Mais c'est très dur et elle vit mal cette période.

Jusqu'au jour où elle décide d'accepter ses émotions négatives quand elles arrivent sans vouloir les changer. Ne pas les mettre sous un couvercle. Ne pas culpabiliser de les ressentir. Petit à petit, elle apprend à mettre des mots sur ce qu'elle ressent, la colère ou la tristesse. Elle devient plus sereine. Elle sait qu'elle ne pourra rien changer à cette maladie atroce. Mais elle peut traverser cette douloureuse période avec moins d'anxiété, en acceptant ce qui est.

Comme un baromètre, les émotions négatives nous permettent de prendre conscience de ce que nous sommes en train de vivre, de prendre soin de nous et de nous accompagner pour traverser ces périodes difficiles.

QUELQUES EXEMPLES D'ÉMOTIONS NÉGATIVES RESSENTIES

- La contrariété, l'incompréhension d'un professeur qui s'investit à fond et qui se heurte à des élèves indisciplinés.
- La frustration d'un cadre qui n'évolue pas, qui se sent coincé dans son job sans avenir.
- L'exaspération de l'écolo qui voit un ami proche prendre l'avion quatre fois par semaine, ne faire aucun tri des poubelles chez lui, ne pas changer ses habitudes alors que la planète brûle et a besoin d'actions concrètes à tous les niveaux.
- La tristesse de quitter un appartement qu'on a aimé, quand on déménage.
- La colère, la désillusion que l'on ressent quand on divorce et qu'on passe par des rendez-vous douloureux, des échanges entre avocats, d'éventuels procès.
- L'angoisse et la tristesse de voir ses enfants partir et la peur du vide de la vie après.

EXEMPLE

La fille aînée de Laetitia part en septembre faire ses études à Lyon et quitte l'appartement familial. Quelques mois avant ce départ, Laetitia sent régulièrement son ventre se nouer, parfois une larme couler. Elle met un peu de temps à réaliser que c'est le futur départ de sa fille qui génère ces pincements. Petit à petit, elle met des mots sur ce qu'elle vit : de la tristesse, de l'anxiété. Plus la date approche, plus Laetitia est tendue. Le jour où sa fille part en train, elle fond en larmes.

Essayez de nommer vos émotions négatives au lieu de les ignorer. En les identifiant, leur intensité diminue et elles passent plus vite.

À VOUS DE JOUER

Faites ce que les Américains appellent des *« conscious pauses »*, des pauses conscientes, pour prendre la température. Quand vous sentez que la colère ou l'énervement monte, que la frustration s'installe, arrêtez-vous. Et mettez des mots sur ce que vous éprouvez : « Je suis triste, je suis en colère, j'ai peur. »

Le fait d'oser se le dire a déjà un effet libérateur. Et l'étape suivante pour prendre soin de soi est de se demander de quoi nous avons besoin pour aller mieux.

Dans le cas de Laetitia, être capable de mettre un mot sur son émotion (la tristesse) liée au départ de sa fille l'aide à tourner la page de l'enfance de son enfant et du partage au quotidien.

Au fond, cette tristesse ressentie prouve qu'elle aime ses enfants. Alors, elle se met à voir les choses différemment. La tristesse n'a pas disparu, mais, en étant identifiée, elle diminue.

Pour compenser, Laetitia va prendre soin d'elle, de ses besoins, s'entourer de personnes aimantes, se faire cajoler par ses autres enfants.

Peut-être, au contraire, aura-t-elle besoin d'être seule, tranquille, dans un moment d'introspection ? En tout cas, elle écoutera ses besoins et cherchera des solutions pour les combler.

Se connecter à ses émotions négatives sans les étouffer est primordial pour les traverser avec plus de sérénité.

5. VEILLER À ÉQUILIBRER NOS ÉMOTIONS POSITIVES ET NOS ÉMOTIONS NÉGATIVES

Dans ces sociétés où l'on doit toujours aller bien, être à fond, positiver tout le temps… Nous, on a envie de vous dire que c'est bien de positiver, mais pas trop et pas tout le temps.

Il faut é-qui-li-brer !

Nous avons tous une tendance à repérer plus volontiers nos émotions négatives. C'est le fameux « biais négatif », réflexe de nos ancêtres, qui se servaient des émotions négatives pour se protéger, se prémunir d'un danger.

Barbara Fredrickson évoque un ratio idéal de 1 pour 3, une émotion négative pour trois émotions positives.

Si vous ressentez une émotion négative, apprenez petit à petit à contre-balancer avec trois émotions positives.

Ayez en tête l'image de la balance avec des poids de chaque côté. Et tâchez de mettre plein de moments chouettes dans vos journées quand vous traversez des moments plus difficiles.

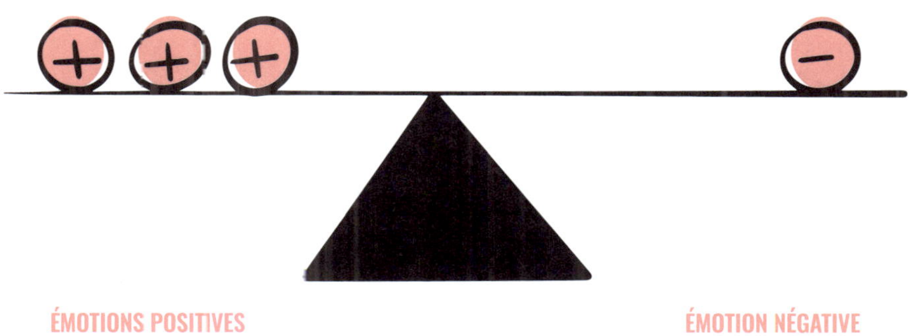

EXEMPLE

Christine a été professeur pendant quarante ans dans une université. Pour son départ à la retraite, ses collègues ont organisé un pot et se sont tous cotisés pour lui faire un cadeau. C'était un grand moment d'émotion. En rentrant chez elle, le soir, elle s'effondre. Elle est triste, elle a peur de cette nouvelle phase. Le vide l'effraie.

Pour amortir le choc, elle a prévu une journée avec son amie de toujours. Elle prend des billets pour aller voir une exposition de son peintre préféré. Et organise un dîner avec un groupe d'amis festifs. Elle a réussi à créer une journée pleine d'émotions positives pour mieux vivre les émotions négatives de ce changement de vie.

« Plus je ressens, dans la journée, dans la vie, des émotions positives, de l'affection, de l'admiration, de la compassion, du bonheur, du bien-être, de la joie, de l'élévation, moins il y aura de l'espace pour l'apparition, l'expansion et la flambée des émotions douloureuses, destructrices et négatives. »

CHRISTOPHE ANDRÉ, AVEC MATTHIEU RICARD ET ALEXANDRE JOLLIEN, *TROIS AMIS EN QUÊTE DE SAGESSE.*

MA BULLE D'ÉNERGIES POSITIVES

Le pouvoir incroyable des odeurs

Pour vous entraîner à mettre un nom sur vos émotions, voici une technique infaillible : utilisez votre nez.

L'odorat est le seul des cinq sens qui est directement connecté au cerveau limbique, le siège des émotions et de la mémoire. C'est le sens qui ne trompe jamais. Il ne passe pas par l'analyse et envoie l'émotion en direct.

> « Qui maîtrisait les odeurs maîtrisait le cœur des hommes. »
>
> PATRICK SÜSKIND, *LE PARFUM*.

NOTRE MÉMOIRE OLFACTIVE EST LA PLUS PUISSANTE

- **Elle peut être consciente ou inconsciente.**
- **Il y a partout des odeurs**, il faut juste développer ce sens que nous avons un peu perdu : l'odeur du café le matin, des croissants en passant devant une boulangerie…
- **Un bon exercice est de nommer les odeurs**, de nommer l'émotion qui y est associée, pour vous, et de revivre un moment plaisant.
- **L'odorat est très personnel, c'est un sens intime**. Pour quelqu'un, l'odeur de la mandarine est agréable, car elle rappelle les agrumes fraîchement pressés le matin. Pour quelqu'un d'autre, elle peut être associée au souvenir déplaisant d'une mauvaise cantine.
- **Il n'y a pas de vrai ou faux, il y a juste vous et vos émotions.**

« L'odorat est le seul de nos cinq sens qui fait passer la mémoire avant l'analyse. »

PATTY CANAC, OLFACTOTHÉRAPEUTE

EXEMPLES

Séverine adore sa grand-mère. Quand elle était petite, elle allait chez elle, en Bourgogne, et elles humaient des roses toutes les deux. Il y avait une magnifique roseraie, avec mille odeurs différentes. Depuis, si elle sent le parfum d'une rose, elle est immédiatement traversée par une émotion de plénitude. Comme par magie, elle revit tous ces moments passés avec sa grand-mère bien-aimée.

Géraldine a vécu à Marrakech petite et se souvient de l'odeur de cèdre dans le souk de bois. Depuis, dès qu'elle sent du cèdre, elle est immédiatement transportée dans le souk. Elle voyage et éprouve un sentiment de joie et de sérénité.

LE DOUX PARFUM DE LA CRÈME SOLAIRE…

Peut-être avez-vous passé des vacances délicieuses en famille, entre amis, ou seul en *road trip* ? Vous aviez acheté une crème solaire à l'odeur divine, qui vous a marqué. Si vous rachetez cette crème solaire, vous verrez qu'en la mettant vous revivrez des moments de ces vacances. Vous êtes pile dans une émotion positive. Et facilement.

Soyez curieux et réceptif à ce qui vous entoure, sur les étals des marchés, dans la nature… cherchez les odeurs et redécouvrez la puissance de ce sens magique.

À VOUS DE JOUER

Pensez à vos trois odeurs préférées.

- Quelles sont-elles ?
- Où était-ce ?
- Quand ?
- Qu'est-ce que ça vous rappelle ?
- Entraînez-vous à mettre un mot sur l'émotion qu'elles vous procurent.
- Vous verrez, en étant plus connecté aux odeurs, vous serez plus réceptif à tout.

On ne peut s'empêcher ici de vous faire relire le fameux passage de la madeleine dans *À la recherche du temps perdu*, de Proust. C'est un goût plus qu'une odeur, mais c'est la même histoire.

« Mais, quand d'un passé ancien rien ne subsiste, après la mort des êtres, après la destruction des choses, seules, plus frêles mais plus vivaces, plus immatérielles, plus persistantes, plus fidèles, l'odeur et la saveur restent encore longtemps, comme des âmes, à se rappeler, à attendre, à espérer, sur la ruine de tout le reste, à porter sans fléchir, sur leur gouttelette presque impalpable, l'édifice immense du souvenir. »

MARCEL PROUST, *À LA RECHERCHE DU TEMPS PERDU*.

Quand vous sentirez un parfum qui vous plaît, qui provoque une émotion ou fait remonter un souvenir, arrêtez-vous et respirez-le. Inspirez toute cette fragrance et expirez en pleine conscience. Vous verrez, vous vous sentirez bien et revivrez ce moment de plénitude.

CHAPITRE 2

DÉBRANCHER ! ALTERNER CONNEXION ET DÉCONNEXION

—

“ La rêverie vagabonde est nécessaire à une bonne hygiène de vie, à l’équilibre de l’homme dans la bourrasque quotidienne. ”

BERNARD PIVOT

Vous connaissez la fameuse expérience de Joshua Bell dans le métro de Washington DC ?

Joshua Bell est un violoniste star américain. Les gens sont prêts à payer 200 dollars (et souvent plus) pour le voir jouer. Il s'est installé dans le métro de Washington DC un matin à 7h50. En pleine heure de pointe. Et presque personne ne s'est arrêté pour l'écouter.

Une star mondiale qui passe inaperçue.

C'est comme Banksy, le célèbre *street artist* qui a vendu ses œuvres 5 dollars dans Central Park, à New York, au milieu des vendeurs ambulants. Ceux qui sont passés devant sans regarder s'en mordent encore les doigts.

On ne compte pas le nombre de fois où l'on rate des choses merveilleuses, juste parce qu'on est dans nos pensées, ou l'esprit ailleurs.

Et en ces périodes de déstabilisation, c'est encore pire. Car on est encore plus la tête dans le guidon.

Dans ce chapitre, nous allons apprendre **à trouver un équilibre entre les périodes de connexion et de déconnexion, d'activité et de récupération.**

1. L'IMPORTANCE D'ALTERNER CONNEXION ET DÉCONNEXION

Dans nos sociétés, tout s'accélère. Les rythmes de vie, de travail, les échanges digitaux, les communications multicanaux. Entre les mails, sms, WhatsApp, Facebook, Twitter… nous faisons face à des demandes croissantes qui viennent de tous les côtés. Et nous remplissons nos vies de plus en plus, en particulier pour répondre à toutes ces demandes.

Côté cerveau, qu'est-ce que ça donne ?

Il nous semble important de comprendre (rapidement) comment fonctionne notre cerveau pour avoir des clés pour agir dans les périodes où tout bouge autour de nous.

COMMENT EST CONSTITUÉ NOTRE CERVEAU ?

Pour faire simple, nous avons trois cerveaux :

- Reptilien, c'est le cerveau de notre instinct.
- Limbique : celui des émotions, de la mémoire.
- Néocortex et cortex préfrontal : celui de la logique, de la raison, le cartésien.

- **Le cerveau reptilien** est le siège des comportements primaires et instinctifs. Nos réflexes, notre instinct de survie et de conservation. Il régule les besoins fondamentaux comme la respiration, la digestion, la pression artérielle, l'activité cardiaque. Bref, tout ce qui échappe au contrôle de notre conscience.

  De manière générale, ses réactions sont imprévisibles et quasiment automatiques.

  C'est le cerveau de l'intelligence situationnelle.

  Mais ce qui est intéressant, c'est qu'il est capable de court-circuiter la chaîne de commandement et de décider seul, dans l'urgence, sans consulter les autres cerveaux (limbique et néocortex). Notamment quand il se trouve confronté à une situation de danger ou de peur.

- **Le cerveau limbique**, lui, est le professionnel de l'émotion, de l'intuition, de la prise de décision et de la mémorisation. Il nous aide à distinguer le bien du mal, à exprimer nos émotions et à percevoir celles des autres. C'est lui qui est à l'origine des mécanismes de motivation, de l'intensité des sensations et du processus de décision.

  C'est le centre de l'intelligence émotionnelle.

- **Le néocortex ou cerveau cognitif**, enfin. Celui qui passionne et fait fantasmer les chercheurs. C'est le siège de la conscience et du raisonnement, du langage, de la créativité. C'est surtout celui qui concentre toutes les données en provenance des autres cerveaux, qui les traite, qui les analyse.

  C'est le centre de l'intelligence rationnelle.

  Le néocortex, c'est le plus sophistiqué. Et il représente 80 % de la matière cervicale.

Chez les australopithèques, le cerveau reptilien et le cerveau limbique étaient prépondérants.

Avec le temps, le néocortex s'est développé. Cela nous a permis de construire des outils, des maisons, de nous organiser. De créer le monde d'aujourd'hui. Nous sommes capables de rationaliser, d'analyser. Ce n'est pas notre faute si on se fait des nœuds au cerveau, c'est sa faute, à lui ! Mais, si on ne laisse pas cette partie du cerveau se reposer de temps en temps, on risque d'exploser.

2. POURQUOI EST-CE SI IMPORTANT DE PRIVILÉGIER LES PHASES DE RÉCUPÉRATION ?

Il est impossible d'être performant vingt-quatre heures sur vingt-quatre. Cessez de jouer les hyperactifs débordés : la performance baisse avec le temps passé.

- On ne peut pas être à 100% tout le temps

Il y a eu des centaines d'études sur le sujet. La *Harvard Business Review* en cite notamment une montrant qu'une semaine de travail qui dépasse cinquante-cinq heures détériore l'engagement et la performance cognitive du salarié. La qualité du travail rendu est moins bonne aussi. Une autre étude qu'on aime bien a été menée dans des cabinets de conseil. Les scientifiques ont donné la même mission à deux groupes de consultants de même niveau. Le premier groupe a travaillé quatre-vingts heures dans la semaine, le deuxième, cinquante à soixante heures. Eh bien, les managers ont été incapables de faire la différence entre les deux !

LES PHASES DE REPOS SONT NÉCESSAIRES PHYSIOLOGIQUEMENT

Michel Le Van Quyen, chercheur en neurosciences et directeur de recherche à l'INSERM, conseille de s'immobiliser plusieurs fois par jour pour laisser le cerveau se reposer.

Des chercheurs de l'université de Rochester ont découvert, en 2012, que « le cerveau se sert des périodes d'inactivité pour se débarrasser des sous-produits métaboliques toxiques qu'il produit quand il consomme de l'énergie ».

Lorsqu'il passe en mode « défaut » (état de rêverie par exemple), le cerveau évacue des toxines.

Alors, faisons confiance à la science et à toutes les recherches sur le sujet : autorisons-nous quelques moments de paresse.

LA CLÉ, C'EST D'ALTERNER

Pour pouvoir optimiser les périodes intenses d'activité cérébrale, nous avons besoin de prévoir des périodes d'accalmie.

« La vie est une alternance de mouvements et de repos. Tantôt nous tendons le ressort de notre être. Tantôt, au contraire, nous sommes dans la détente de notre être. Cette pulsation de l'activité et du lâcher-prise, *la vita activa* et *la vita contemplativa*, rythme le cours de l'existence. »

MICHEL LACROIX, *SE RÉALISER, PETITE PHILOSOPHIE DE L'ÉPANOUISSEMENT PERSONNEL.*

Abusez des phases de pause, de déconnexion ou de récupération. Ces périodes sont source de productivité et de créativité.

Ce sont les périodes où les idées viennent, où elles s'organisent.

Idem pour un effort physique intense. Sans phase de récupération, les bienfaits ne seront pas absorbés par le corps. Tous les grands sportifs vous le diront.

Dans leur livre *The Power of Full Engagement*, Jim Loehr et Tony Schwartz prennent l'exemple des joueurs de tennis professionnels. En compétition, entre deux jeux, ils font de vraies pauses récupératrices. Très souvent avec un rituel qui leur est propre : la façon de marcher, de faire rebondir la balle avec la main ou la raquette. Ils ont mesuré leur rythme cardiaque dans ces moments de pause. Les joueurs sont capables en seize à vingt secondes, entre deux points de jeu, de ralentir leur rythme cardiaque de près de vingt battements par minute.

Ces moments les aident à récupérer physiquement d'abord, mais aussi à se concentrer.

EXEMPLE

Patrick vient de commencer un nouveau job. Cela demande beaucoup de travail et d'énergie pour comprendre, intégrer les nouvelles données. Il travaille énormément, n'arrive pas à déconnecter et, au bout d'un mois et demi, il est épuisé, complètement stressé et à bout de nerfs.

À Rennes, devant sa maison, se trouve un petit jardin. Un week-end, il décide de créer un potager. Il achète tous les livres possibles, demande conseil, se procure le matériel nécessaire. Il se prend au jeu, et lui, chez qui les plantes vertes tenaient en moyenne deux mois, découvre les joies du jardinage et réussit à faire pousser des tomates, des courgettes, de la salade. Cette activité de totale déconnexion lui fait un bien fou. Il trouve de l'équilibre et de la sérénité à cultiver son potager. De la fierté aussi. Et, comme par hasard, il se sent mieux dans son job.

À VOUS DE JOUER

Pensez au dernier moment où vous avez eu deux heures devant vous, deux petites heures sans contrainte et sans avoir rien à faire.

Quand était-ce ? C'était comment ? Que s'est-il passé ?

Alterner les phases de connexion et de déconnexion, ça s'apprend et ça se travaille. Nous avons choisi de vous parler de la méthode Vittoz.

3. LA MÉTHODE VITTOZ : ÉMISSIVITÉ ET RÉCEPTIVITÉ

Voici une de nos techniques préférées. Elle est bourrée d'étincelles !

Elle a été développée par Roger Vittoz, un médecin suisse né en 1863. Il est l'un des premiers à s'être penché sur les conséquences physiques du stress, des blessures intérieures et des émotions.

Il a eu l'intuition de la plasticité neuronale dès 1906, quand le terme est apparu dans le monde scientifique seulement en 1970. Il est convaincu que notre cerveau est capable de se modeler et de se remodeler tout au long de notre vie.

La principale découverte du docteur Vittoz est que notre cerveau est actif en permanence. Soit en émettant des images et des raisonnements, conscients ou non, soit en captant le monde par nos cinq sens.

À l'origine, la méthode a été créée pour gérer le stress et soigner des états dépressifs. Mais, dans les faits, cette méthode est utile pour tout le monde, tous les jours de la vie. Et en particulier quand on traverse des périodes de changements, grands ou petits, voulus ou non voulus.

Comme une respiration, trouvez un juste équilibre entre les périodes de « réceptivité » et les périodes d'« émissivité ». Pour cela, il faut s'entraîner.

QU'EST-CE QUE L'ÉMISSIVITÉ ?

Selon Vittoz, l'émissivité est « l'aptitude à émettre des pensées, des idées, des paroles, des images ». C'est la pensée, le raisonnement. On est en émissivité quand on est très concentré sur un problème à résoudre, par exemple.

> **« La concentration est la faculté de pouvoir fixer sa pensée sur un point donné, de suivre le développement d'une idée sans se laisser distraire, simplement de pouvoir s'abstraire dans un travail quelconque. »**
>
> ROGER VITTOZ

QU'EST-CE QUE LA RÉCEPTIVITÉ ?

La réceptivité est la faculté de recevoir les vibrations du monde extérieur.

Nous vivons en effet dans un bain de sensations sept jours sur sept, vingt-quatre heures sur vingt-quatre. Même quand nous dormons. Et souvent, nous ne nous en rendons pas compte.

L'idée de la réceptivité, c'est de mettre en pause nos pensées et revenir sur les sensations pures. Ressentir les choses consciemment sans l'intervention du mental.

L'objectif de la méthode, c'est d'être capable d'entrer en réceptivité « consciente ». De recevoir une sensation **en prenant conscience qu'on est en train de la ressentir.** Cela implique que nous soyons actifs.

La méthode permet de sortir de l'état passif, d'être plus conscient de nous-même, de nos pensées, de nos actes.

Ces moments de réceptivité nous permettent de recharger nos batteries, de nous détendre et de prendre du recul.

« La réceptivité est un état conscient et actif, et non passif ! »

ROGER VITTOZ

EXEMPLES

Violette, après une journée de travail, prend le temps de cuisiner. Elle prépare une belle ratatouille en portant son attention sur les légumes, leur odeur, leur forme, leur texture, les bruits autour d'elle. C'est déjà une façon de lâcher prise. De se mettre en réceptivité.

Philomène, elle, aime se poser pour écouter (vraiment) un morceau de musique. En en profitant, en se laissant aller.

Jouer de la musique ou chanter sont de bons moyens de déconnecter.

Le cerveau ne peut en même temps être en émissivité et en réceptivité.

L'idée générale de la méthode est l'alternance de ces deux phases. Elle permet d'optimiser notre qualité de concentration et notre mémoire.

À VOUS DE JOUER

Prenez-vous du temps dans la journée pour vous reposer (même cinq minutes) ? Le week-end, faites-vous de vraies pauses ? En vacances, êtes-vous capable de débrancher ?

Attaquons-nous d'abord à développer notre réceptivité pour être capable d'améliorer notre concentration et notre efficacité.

4. COMMENT DÉVELOPPER SA RÉCEPTIVITÉ, SE CONNECTER À SES CINQ SENS ?

Il faut s'autoriser à se poser, à s'ennuyer, on ira jusqu'à dire à être oisif pendant un moment. Évidemment, c'est contraire à tout ce qu'on a appris, contraire au discours prédominant d'efficacité, de sollicitations, de toujours plus…

Ce n'est pas facile de prendre du temps pour le perdre.

Apprendre à s'ennuyer est un art.

CULTIVER L'OISIVETÉ

Tal Ben-Shahar, professeur de psychologie positive à Harvard, explique à quel point il est important de s'aménager des pauses, de vrais temps d'arrêt dans la journée.

Ménagez-vous des pauses dans la journée. Des moments où vous ne faites strictement rien, même si cela dure cinq à dix minutes. (Et surtout, n'ayez pas mauvaise conscience !)

Privilégiez des temps de vide. Laissez-vous des temps d'introspection, des moments pour vous tout seul. Prenez des rendez-vous avec vous-même.

EXEMPLE

Chloé est médecin et mère de trois enfants. Sa vie est réglée comme du papier à musique. Elle nous a raconté avec beaucoup d'émotion un matin où elle s'est retrouvée seule chez elle pendant trois heures. Elle était complètement désorientée et perdue. Elle regardait le téléphone pour voir s'il allait sonner. Elle avait peur du vide et était incapable de s'occuper ou de se reposer, de s'autoriser à s'ennuyer.

En fait, ce vide regorge d'étincelles.

À VOUS DE JOUER

Prenez votre agenda et notez pour le mois qui vient des temps sans rendez-vous, sans obligations, sans *to do list*.

De vrais temps de vide.

Vous pouvez barrer une journée entière, bloquer des plages de deux heures ou un week-end.

Et tenez-les !

APPORTER DE LA CONSCIENCE EN TOUTES CHOSES

Dans ces moments de vraies pauses, on se connecte à nos sens.

On découvre en effet le monde par nos sens.

Quand on est dans une période où tout bouge, il nous arrive d'oublier ce principe de base.

> « Avant d'être pensé, le monde qui nous entoure est vu, senti, entendu, charnellement vécu. »
>
> GISÈLE HARRUS-RÉVIDI, PSYCHANALYSTE

“ Être à l’écoute de soi tout court, sentir sa présence au monde et s’en émerveiller. Voilà qui nourrit le sentiment que vivre est une chance. ”

DAVID LE BRETON, ANTHROPOLOGUE ET SOCIOLOGUE

EXEMPLE

Arthur fait de la sculpture. C'est pour lui un moment de pause dans la semaine. Pendant deux heures, le lundi soir, il malaxe la glaise, il crée des formes. Il essaie de se connecter au maximum à ses sens pour profiter de l'expérience, pour se déconnecter complètement. Et ça lui fait un bien fou.

À VOUS DE JOUER

Souvenez-vous d'un moment où vous étiez connecté à vos sens, un moment fort, où vous vous êtes senti parfaitement bien ?

Vous pensez à un lieu ? Une musique ? Un moment particulier avec des amis ou votre famille ? Vous voyez un paysage qui vous procure un vrai bien-être ? Vous pensez à un plat de votre grand-mère ou à un dîner mémorable ?

Essayez d'y replonger.

Vous voyez, vous êtes en train de vous connecter à vos sens.

« S'éloigner de tout rapproche un peu de l'essentiel. »

LOÏCK PEYRON, NAVIGATEUR

RALENTIR. ADOPTER LA *SLOW ATTITUDE*

Par moments, on se surprend à faire trois choses en même temps.

EXEMPLE

Laurent est au téléphone avec le comptable de son entreprise, en même temps, il répond à un mail urgent d'un commercial qui veut valider une proposition et accueille dans son bureau un candidat à l'embauche. Le tout, en se servant un café, car il a besoin de se mettre les idées au clair.

Et si vous essayiez de faire les choses une par une ?
Cela ne serait-il pas plus simple et moins stressant ?

ALLÉGER ET PRIORISER

Après avoir compris qu'il faut débrancher, qu'il faut se reconnecter à ses cinq sens, apprenons à ralentir.

« En retard, en retard, j'ai rendez-vous quelque part. »

Bonne nouvelle ! Vous n'êtes pas le lapin d'Alice au pays des merveilles. Alors arrêtez de courir après le temps. Et découvrez la *slow attitude*.

Dans notre monde hyperconnecté, où l'ennui n'a plus sa place, il est plus important que jamais de ralentir.

La course, c'est terminé ! Nous ne sommes plus dans les années 1990.

Alors, ralentissez ! Écoutez votre fatigue. Vérifiez votre réserve d'énergie.

Reposez-vous, détendez-vous, couchez-vous tôt.

Superman n'existe pas. Ce n'est donc pas vous.

Lâchez, allégez le programme. Priorisez.
Vous vous en porterez beaucoup mieux.

Allez doucement, faites moins de choses et mieux. Frédéric Lenoir nous dit que « choisir, c'est renoncer ». En renonçant, on va rater des choses, bien sûr, on ne cochera plus toutes les cases… Eh bien, tant mieux !

Repensons aux grèves des transports en France, celles qui bloquent le pays. Elles sont pesantes, stressantes, elles compliquent la vie de beaucoup d'entre nous. Mais elles sont aussi un bon moyen de prioriser. Nous sommes obligés de limiter les trajets, de nous concentrer uniquement sur les activités les plus importantes, d'alléger nos emplois du temps.

Les périodes de confinement sont aussi des moments où l'on se retrouve privé du jour au lendemain des activités extérieures (travail, sorties culturelles, restaurant, vie sociale). Ce sont des périodes d'intériorité qui peuvent être difficiles à vivre, mais permettent aussi de modifier le cap, et de donner de nouvelles priorités à sa vie.

Ce choix que nous faisons nous redonne de la liberté.

À VOUS DE JOUER

Et vous, cette semaine, que pouvez-vous enlever de votre emploi du temps ? Que pouvez-vous annuler ou reporter ?

On a souvent l'impression de ne pas pouvoir dégager du temps. En particulier quand on traverse une passe difficile. C'est, au contraire, le moment de s'alléger.

MA BULLE SENSORIELLE

Comment la créer ?

Créez-vous des cocons pour développer cette réceptivité, cette connexion à vos cinq sens en conscience.

- **Isolez-vous de temps en temps** dans un endroit dans lequel vous vous sentez bien. Pas la peine d'aller au bout du monde, la bulle peut être chez vous.
- **Trouvez ce qui vous convient** pour créer votre nuage de douceur, mettre vos sens en éveil et vous sentir pleinement vivant. (Prendre un bain en installant des bougies autour, jouer d'un instrument de musique sur un balcon, préparer une tasse de thé avec un morceau de chocolat sur un joli plateau…)

EXEMPLES

Cécile nous raconte sa routine du vendredi soir. Elle rentre chez elle. Elle allume une bougie parfumée, s'installe dans son salon avec sa playlist préférée et lit les magazines de la semaine. C'est son moment de détente.

Xavier, lui, lit *L'Équipe* le matin avec un expresso, pris dans un café à quelques rues de son bureau. Il regarde les passants, est présent aux bruits qui l'entourent, il hume son café… C'est son sas de décompression avant de commencer sa journée.

CHAPITRE 3

BOOSTER SON ÉNERGIE PHYSIQUE

—

“ Dans la vie,
on ne fait pas
ce que l’on veut
mais on est
responsable
de ce que l’on est. ”

JEAN-PAUL SARTRE

Quand on est en période de changement, on est ébranlé et chamboulé. On doute. On a souvent tendance à négliger notre corps. On pense à tout sauf à nous. On ne se rend pas compte qu'il faut s'occuper de notre corps en premier, car il nous porte. Il faut remettre du jus dans notre énergie vitale.

Regardez les consignes dans l'avion : on met d'abord son propre masque à oxygène avant d'aider les autres à enfiler le leur. Ce n'est pas anecdotique. C'est primordial.

Prendre soin de son corps, se sentir bien, est indispensable si l'on veut traverser ces périodes avec confiance et sérénité.

Mental et physique sont intimement connectés : il faut prendre soin de son énergie physique pour optimiser son mental.

Le lien entre notre état physique et notre état mental n'est plus à démontrer. On se sent évidemment mieux quand on a bien dormi. On réfléchit plus efficacement si on a mangé sainement et bu beaucoup d'eau. On se sent en forme quand on vient de faire du sport. On a les idées claires quand on est détendu... On ne va pas continuer la liste, vous avez compris.

Prenez du temps pour prendre soin de vous, sans culpabiliser.
C'est votre mission première pour aborder une période
de changement avec plus de sérénité.

C'est en effet la clé n° 1 pour développer un esprit alerte, créatif et ouvert. Et c'est à la portée de chacun.

1. NOTRE CORPS EST NOTRE MEILLEUR ALLIÉ

Véronique déménage au Mexique. Elle s'occupe du déménagement, elle commence un nouveau travail dans une autre langue, elle doit installer les enfants dans leurs nouvelles écoles, leur trouver des activités… Elle court d'une tâche à une autre, avale un paquet de chips à l'heure du déjeuner, mange des gâteaux dès qu'elle a deux minutes. Au bout de deux mois, elle se sent épuisée, sans énergie et elle a pris trois kilos.

Vous connaissez la chanson.

Dans de telles périodes, il faut se lier d'amitié avec son corps : en prendre soin comme ce qu'il y a de plus précieux. C'est important de gérer sa fatigue, d'écouter ses besoins.

Nous, nous étions des Véronique en puissance. Et on s'est rendu compte assez tard qu'il fallait prendre soin de notre niveau d'énergie. Ce qui n'est pas un geste égoïste.

Alors, on partage avec vous.

Quand on traverse des périodes de changement, on a tendance à être envahi par nos pensées, nos ruminations, nos actions. On oublie souvent notre corps. Alors que c'est LE moment dans la vie où il faut se mettre à son écoute. Se mettre à l'écoute de nos sensations physiques. C'est le meilleur moyen pour être mieux connecté à nos émotions, comme nous l'avons vu dans le chapitre précédent.

Soyez doux et bienveillant avec vous-même.

PRENDRE LE TEMPS DE SE RELAXER

Aude habite à Hongkong. Elle a un travail très prenant et stressant. Quand elle sent que la pression monte, que la tension arrive, elle a trouvé la chose qui la fait tenir. Elle va, à l'heure du déjeuner, se faire faire un *foot massage* dans un minisalon près de son bureau. C'est un endroit simple et bon marché, surtout fréquenté par des Chinois. Elle peut même s'assoupir dans les fauteuils confortables et elle repart revigorée.

Le massage fait partie de la culture en Asie. À Hongkong, par exemple, il y a des salons partout à des prix très accessibles. On se souvient de dimanches après-midi dans Central District, où les femmes de la communauté philippine se retrouvent. Elles chantent, dansent et se massent les unes les autres. Les enfants apprennent les gestes très jeunes. C'est une hygiène de vie, une façon de prendre soin de soi et de libérer les tensions.

À New York, on a toujours été impressionnées par le nombre de *nails salons*. Toujours pleins. Manucures, pédicures : on trouvait ça futile. Et puis, on a compris que cela fait partie de la culture des Américaines. C'est une façon pour une femme de se sentir propre, belle et féminine. Mais c'est aussi un moment pour se relaxer. Faire une pause. On a vu aussi que c'est un moment de convivialité. On va au *nails salon* entre amies, ou pour des rendez-vous mère-fille, pour discuter.

À VOUS DE JOUER

Posez-vous la question : que puis-je offrir à mon corps comme relaxation ?

Certains choisiront un massage, ou feront des exercices chez eux qui les détendent.

D'autres prendront un bain pendant une heure. Les chanceux qui vivent au soleil se prélasseront sur une serviette à la plage.

On peut aussi, tout simplement, prendre le temps de mettre de la crème ou de l'huile sur son corps.

2. NOTRE CORPS NOUS PARLE ET NOUS ENVOIE DES SIGNAUX

Anita commence un nouveau job ce matin. Comme par hasard, depuis hier, une grosse tension lui prend tout le cou…

Dans son livre *Dis-moi où tu as mal, je te dirai pourquoi*, Michel Odoul nous parle de la symbolique de la maladie. Il nous explique qu'il y a un lien entre l'endroit de la douleur ou de la tension et un vécu.

> « Le langage du corps est un langage qui ne ment pas, qui est précis et direct. »
> MICHEL ODOUL

Les maux du corps sont souvent les maux de l'âme. Toutes ces expressions populaires comme « en avoir plein le dos, avoir les pieds de plomb, se faire de la bile, se prendre la tête… » ne sont pas là par hasard. Notre malaise psychique a souvent des retombées physiques.

Lorsqu'on a mal quelque part, il faut comprendre que quelque chose ne va pas. Parfois, il suffit simplement de s'écouter et d'un peu de bon sens.

Quand on vit des périodes de changement, en particulier, on est tendu et stressé, les émotions viennent alors se loger dans notre corps.

Ces blocages de votre corps sont des signaux que celui-ci vous envoie pour que vous puissiez ajuster, équilibrer, harmoniser.

Nous sommes de grandes optimistes. On se dit que ces signaux sont une sorte de cadeau, pour nous dire qu'on a un ajustement à faire.

EXEMPLE

Fin novembre, Anaïs a un torticolis, après un trimestre sur les rotules et avant la folie des fêtes de fin d'année. Elle réalise que chaque année c'est pareil. Elle se bloque le cou systématiquement à cette période.

Cette fois-ci, elle se demande : « Est-ce que je n'en fais pas un peu trop ? Est-ce que je ne suis pas en train de pousser le bouchon trop loin ? »

La réponse est évidente. Alors, elle ajuste.

À VOUS DE JOUER

Prenez conscience d'une douleur qui revient souvent à un endroit dans votre corps.

Quand ça arrive, prenez un temps pour fermer les yeux. Respirez. Est-ce qu'une image vous vient de cette douleur ? Est-ce que vous pouvez la transformer ? L'alléger ?

La douleur peut être intense, dans ce cas, il faut voir un spécialiste, bien sûr. Et c'est peut-être le moment, enfin, de prendre un rendez-vous chez un kiné ou un ostéo. Et de ne pas reporter en se disant que ça va passer tout seul.

Mais c'est parfois simplement de la fatigue ou de la tension. Dans ce cas, est-ce qu'on peut se masser, se détendre, prendre un bain chaud, dormir ?

3. BOOSTER NOTRE D.O.S.E OU COMMENT STIMULER LES HORMONES DU BONHEUR

Quand on se pose les questions : « Qu'est-ce qui me rend heureux ? Qu'est-ce qui me procure du plaisir ? », on imagine souvent que ce sont les événements positifs qui nous arrivent, ou que ce sont des achats matériels qui nous rendront heureux.

EXEMPLE

Si j'achète cette nouvelle voiture, cette montre ou cette robe, je serai plus heureux. Erreur fatale. Cela peut nous rendre heureux sur le moment, bien sûr, mais ça ne dure jamais.

Ce qui nous rend heureux, c'est ce qui nous procure des émotions positives, on l'a vu dans le chapitre précédent.

Et c'est aussi chimique.

C'est tout de suite moins romantique, mais c'est indispensable à savoir, pour se donner de l'énergie quand on vit des périodes de changement.

L'émotion positive, quand elle est déclenchée, vient d'un processus chimique. Le sentiment de bien-être, c'est une activation de neurotransmetteurs et d'hormones dans notre corps.

QU'EST-CE QUE LA D.O.S.E, OU DOPAMINE OCYTOCINE SÉROTONINE ENDOMORPHINE ?

Découvrez la puissance des quatre hormones sources de bien-être. On les appelle la D.O.S.E : dopamine, ocytocine, sérotonine, endomorphine. C'est l'alchimie du bonheur.

Ces quatre substances chimiques endogènes (produites par l'organisme) jouent un rôle clé dans notre perception du bonheur. Elles contribuent à la circulation de l'information dans notre corps, soit entre neurones (neurotransmetteurs), soit via le sang vers les organes (hormones).

Chacune de ces substances est sécrétée lorsque nous ressentons des émotions positives. Chacune d'elles est déclenchée de façon spécifique.

Savoir ce qui active chacune d'elles nous permet de créer les situations ou les comportements qui nous aideront à prendre soin de notre bien-être.

En période de changement, c'est capital de prendre soin de soi et d'activer ces hormones du bonheur. Cela nous permet d'amortir le choc… comme un nuage de douceur pour traverser des périodes mouvementées.

COMMENT ACTIVER CES QUATRE HORMONES ? QUEL EST LE BÉNÉFICE ?

On peut les stimuler de façon simple avec des activités.

De nombreux événements extérieurs peuvent activer ces neurotransmetteurs. L'idée est donc d'identifier chez vous ces éléments déclencheurs, dans le but de provoquer leur sécrétion et de décupler votre énergie.

1. DOPAMINE

Bénéfices

Recherche du plaisir, envie d'explorer, motivation, engagement.

Activités qui la déclenchent

Se fixer des challenges (course, marathon, un objectif professionnel...).

L'idée est de décomposer un objectif important en micro-objectifs. Chaque fois qu'on en atteint un, l'hormone du plaisir vous stimule pour aller plus loin. C'est le circuit de la récompense.

2. OCYTOCINE

Bénéfices

L'hormone de l'amour. Elle a un rôle clé dans nos relations sociales. Elle nous donne un sentiment de confiance, d'être en lien, d'être ancré. Elle favorise les comportements altruistes.

Activités qui la déclenchent

Passer du temps avec ses proches, faire des câlins, en user et en abuser. Quand une maman accouche, elle sécrète beaucoup d'ocytocine.

Faites des câlins ! Mettez-vous au *hug* américain ou copiez les Argentins, qui se saluent avec un *abrazo* !

« Un *hug* de vingt secondes suffit pour obtenir sa dose », selon Frédéric Saldmann, médecin cardiologue et nutritionniste.

3. SÉROTONINE

Bénéfices

Optimisme, se sentir à sa place, avoir une bonne estime de soi.

Activités qui la déclenchent

Activité physique, exposition au soleil, méditation, contemplation d'un paysage, journal de gratitude.

La lumière, par le nerf optique, via l'hypothalamus, augmente le taux de sérotonine. Il suffit de passer deux heures en pleine lumière pour se sentir plus en forme.

« La lumière est d'autant plus stimulante qu'on la reçoit tôt le matin. Les lève-tôt sont d'ailleurs de bien meilleure humeur que les lève-tard », nous dit le professeur Lejoyeux.

4. ENDOMORPHINE

Bénéfices

Bien-être, voire euphorie, effet antalgique, antidouleur.

Activités qui la déclenchent

Sport (endurance trente minutes), jogging, natation, marche intensive…, le rire.

Pas la peine de souffrir sur des machines de torture dans une salle de sport ! Six minutes de marche rapide par jour (soit 653 mètres) permettent d'augmenter de 30 % notre endorphine et de diminuer d'autant les émotions négatives. Alors : bougez-vous !

La marche rapide, ce n'est pas qu'un sport de vieilles dames. Alors, on s'y met tous ! Dans les rues de NY, il y a des panneaux « *Stay Healthy* » avec des publicités pour pousser les habitants à marcher le plus possible. En Chine, on trouve des machines dans tous les parcs pour faire des exercices : bouger les bras, les jambes, faire travailler les articulations, s'étirer.

À VOUS DE JOUER

Notez trois choses que vous pouvez faire en plus cette semaine pour booster votre D.O.S.E.

LES HORMONES DU BONHEUR ET LE CORTISOL

Quand on est en situation de stress ou quand on a peur, notre organisme libère du cortisol. Cette hormone envoie de l'énergie au bon endroit dans notre corps, pour nous aider à faire face à cette situation. Ça, c'est le bon stress, celui qui nous pousse à agir.

Mais il y a le mauvais stress, celui qui nous met une boule dans le ventre. Le taux de cortisol présent dans notre corps est trop élevé. Il faut chercher à équilibrer. Notre bien-être dépend de cet équilibre cortisol-hormones du bonheur.

Quand on traverse une période avec un niveau de stress très élevé, il faut donc stimuler au maximum notre D.O.S.E.

EXEMPLE

Paul vient de divorcer. Sa femme a récupéré l'appartement familial et la garde des enfants. Il se retrouve seul dans un petit studio. Pendant les vacances, il n'a pas ses enfants et le vit très mal. Il est ultrastressé et son taux de cortisol a atteint son maximum.

Il décide de partir en Bretagne avec un ami pour faire du surf, son sport préféré, qu'il n'avait pas eu l'occasion de pratiquer depuis des années. Ce sport déclenche chez lui de fortes doses de dopamine et de sérotonine, qui lui permettent de retrouver un certain équilibre.

À VOUS DE JOUER

Pensez à une situation stressante que vous avez vécue récemment. Qu'avez-vous fait au cours de cette journée ? Est-ce que vous auriez pu faire quelque chose différemment pour équilibrer ce stress ? Une activité qui vous fait plaisir ? Appeler ou voir quelqu'un pour vous soulager ?

Dans son livre *Comment la méditation a changé ma vie… et pourrait bien changer la vôtre*, la psychologue Jeanne Siaud-Facchin écrit : « Pratiquée deux fois par semaine pendant huit semaines, la méditation fait chuter le taux de cortisol (hormone du stress) dans le sang et stimule la production d'endorphine, de sérotonine et d'ocytocine, qui est l'hormone de la sécurité affective et de la sociabilité. »

La méditation peut vous aider à faire baisser votre niveau de cortisol.

La méditation est une aide immense en période de changement (et pas que, d'ailleurs). Nous lui consacrons un chapitre (voir pages 94 à 113).

4. TROUVER LA BONNE ACTIVITÉ PHYSIQUE

Le département de Santé publique en Angleterre recommande à tous les adultes de pratiquer soixante-quinze à cent cinquante minutes d'exercice par semaine. On ne parle pas de courir un marathon ni de se lancer dans un sport de haut niveau. On parle simplement d'activités qui font battre le cœur plus vite, respirer plus rapidement et transpirer (ou au moins avoir plus chaud à cause de l'exercice en question).

Il suffit par exemple, si c'est possible, de se rendre au bureau en marchant ou à vélo, monter les escaliers au lieu de prendre l'ascenseur. Il a été prouvé qu'une marche rapide de dix minutes dehors augmente notre acuité mentale, notre énergie et notre bonne humeur.

EXEMPLE

C'est le cas de Stéphanie, qui décide d'aller au bureau à vélo et qui très rapidement voit un effet magique sur son stress. La traversée du parc, même quand il pleut, lui offre un temps de ressourcement avant de rentrer chez elle.

À chacun de trouver sa routine, ses activités, ses moments dans la journée. On peut faire du sport seul, en couple ou avec des amis.

Pas de diktat du genre « je dois faire du sport cinq fois par semaine, pendant une heure trente ». Surtout pas !

Ce qui est important, c'est le plaisir éprouvé. Plus on ressent que l'exercice nous fait du bien et qu'on y prend du plaisir, plus on aura envie d'y retourner et d'inscrire cette nouvelle routine dans la durée.

Et c'est la durée qui fait l'efficacité.

À VOUS DE JOUER

1. Une fois encore, écoutez-vous. Choisissez le sport qui vous procure du plaisir. Certains sont des inconditionnels de la natation, d'autres détestent.
2. Ne mettez pas la barre trop haut. Si vous commencez par dix minutes, c'est déjà bien. Et si, un jour, vous êtes vraiment trop fatigué, vous avez le droit de zapper. Pas de stakhanovisme.
3. Choisissez vos horaires : matin, midi ou soir ? Par exemple, jouer au tennis le soir à 21 heures, après une journée de travail harassant, ce n'est peut-être pas l'idéal... En revanche, nager une demi-heure avant de travailler peut vous apporter de l'énergie.
4. Posez-vous la question de savoir si vous préférez être seul ou faire du sport à plusieurs. Et puis essayez, vous verrez bien.
5. Très important : célébrez vos succès ! Même minuscules. Vous avez réussi à courir vingt minutes ? Encouragez-vous ! Soyez fier de vous. Mais ne vous comparez à personne. Il y aura toujours quelqu'un de plus fort (ou de plus faible). Et vous serez découragé (ou arrogant).

Le yoga est entré dans notre routine il y a cinq ans et, depuis, on essaie de convertir tous les gens autour de nous ! C'est une activité qui nous aide à accepter notre corps comme il est à cet instant, à nous poser, à nous concentrer, à faire le vide, à nous étirer, à nous muscler, à tester nos limites, à passer un bon moment avec des amis.

Il y a tellement de sortes de yogas qu'il y en a forcément un qui vous correspond, on vous conseille vraiment d'essayer plusieurs cours. Il y a, en France, de plus en plus de cours de yoga, regardez près de chez vous.

Et, si vous habitez loin d'un centre, essayez YouTube (on a commencé comme ça, quand on habitait aux États-Unis) !

Nos préférés :

- en français : les cours online de QEE Yoga ;
- en anglais : *Yoga with Adriene* (en anglais, commencer avec les *Yoga for beginners*) et *Yoga with Kassandra*.

5. BIEN SE NOURRIR : UN ESPRIT SAIN DANS UN CORPS SAIN

EXEMPLE

Marie adore faire la fête, la bonne chère et boire un peu aussi (avec des amis;-). Après chaque week-end, elle fait une journée detox. Le lundi, elle déjeune et dîne léger, ne prend pas de sucreries, fait parfois une journée monodiète (un seul aliment matin, midi et soir, compote de pommes par exemple pendant une journée). Ça lui permet de mettre son estomac au repos et d'avoir plus d'énergie.

Quand l'intestin digère, cela demande beaucoup d'énergie à notre corps mais aussi à notre mental.

Se nourrir avec de bons produits, en conscience, est le meilleur carburant pour notre corps. Il n'y a pas photo, quand on mange sainement, on a plus d'énergie.

« Ça, c'est bon, on le sait. » On entend ça toute la journée. Ah ! ces injonctions permanentes…

On sait aussi que, lorsque l'on est stressé, débordé, fatigué, on fait moins attention à ce que l'on mange. Ou on se jette sur n'importe quoi.

Si on creusait un peu et qu'on essayait de s'y mettre, en vrai ?

Bien se nourrir, c'est manger pour soi, prendre soin de soi, écouter ses besoins, ses envies, faire du bien à son corps.

L'idée est de rechercher un équilibre et d'écouter son corps.

- **Privilégiez une nourriture saine.** On essaie de consommer le plus possible des aliments non transformés issus de la terre. Quand c'est réalisable, bien sûr. Si vous avez une semaine intense, arrêtez de culpabiliser si vous mangez deux fois de la pizza. Dites-vous que vous faites ce que vous pouvez.
- **Prenez conscience et écoutez les besoins de votre corps.** Est-ce que ce matin vous avez envie d'un fruit, de fromage, ou de pain ? Au déjeuner est-ce que vous voulez manger un bon plat en sauce ou, au contraire, une petite salade ? Arrêtez de culpabiliser et de vouloir tout bien faire.

Apprenez à dire non. Si tout le monde prend un dessert et que vous n'en avez pas envie, ce n'est pas grave. Pas de pression.

- **Choisissez des assiettes plus petites pour vous servir moins.** (Certains régimes conseillent même d'utiliser des baguettes pour manger plus doucement et en plus petites quantités.) L'idéal, c'est d'avoir encore un tout petit peu faim en sortant de table. Essayez de vous servir une fois une bonne assiette et de ne pas vous resservir.
- **Asseyez-vous chaque fois que vous mangez quelque chose, pour éviter le grignotage**. Mâchez bien. Prenez votre temps.

Quand vous vous faites un bon repas équilibré, ancrez ce plaisir de vous sentir bien dans votre corps. Soyez content d'avoir une digestion facile et sereine, par rapport à de la junk food, plus difficile à digérer.

- **Le jeûne est très à la mode.** Pas de pression là encore. Renseignez-vous, lisez les livres des pros et faites-vous votre idée. Est-ce fait pour vous ? Oui ? Essayez. Non ? Passez à autre chose.

Une fois encore, un peu de bon sens. Si vous avez eu un week-end festif gastronomique, où vous avez beaucoup bu, évitez de manger un cassoulet et de descendre une bouteille de vin le dimanche soir ! Vous pourriez même essayer de ne pas dîner, votre estomac prendra des vacances. Et, d'ailleurs, avez-vous vraiment si faim ?

Dans les civilisations anciennes et dans beaucoup de religions, il y a des périodes d'abondance et des moments de jeûne. On peut s'en inspirer pour rythmer notre semaine.

6. CAPITALISER SUR LE SOMMEIL

On lit tous les jours de nouvelles études qui nous montrent que nous ne dormons pas assez. En trente ans, nous aurions perdu une heure et demie de sommeil.

C'est catastrophique pour la santé, le bien-être, l'humeur et les performances intellectuelles.

Quand on passe par des phases de grand changement, il faut absolument préserver notre sommeil. C'est un sujet sérieux.

La Nasa a réalisé une étude sur le sommeil des pilotes. Ceux qui faisaient une sieste de quarante minutes (dont 25,8 minutes de sommeil en moyenne) voyaient leur vigilance améliorée de 34 % par rapport à ceux qui ne dormaient pas. La prochaine fois que vous prenez l'avion, demandez au pilote s'il a bien dormi ;-)

EXEMPLE

David travaille dans une grande société suisse. Il nous raconte que le directeur de sa division mettait sur son bureau juste après le déjeuner un panneau « Ne pas déranger. Sieste de dix minutes. Tout ce qui est urgent peut attendre. » À l'époque, les collaborateurs hallucinaient, mais qu'est-ce qu'il avait raison de prendre ces dix minutes dans sa journée pour se poser ! Et il avait une énergie à déplacer les montagnes.

Vive la sieste !

- **Apprenez à gérer votre fatigue.** Essayez de vous coucher à une heure régulière, prenez conscience de votre rythme de sommeil.
- **Pensez à vous recharger en vous assoupissant** de temps en temps, le week-end. N'ayez pas honte de faire des microsiestes.
- **Dans la journée, dans une salle d'attente ou dans le métro,** laissez-vous partir, même en semi-conscience, pour refaire le plein d'énergie. Pensez aux Japonais qui dorment dans le métro. À Tokyo, c'est impressionnant.
- **Vous pouvez aussi essayer le yoga nidra.** Un yoga méditatif. Alexia, professeur de yoga à New York, enseigne cette discipline et nous dit que vingt minutes de méditation guidée en conscience équivalent à six heures de sommeil. Ça ne veut pas dire qu'il ne faut pas dormir la nuit et remplacer notre sommeil par une séance de yoga ! Ça veut dire que s'arrêter vingt minutes, en conscience, le matin ou le soir, peut sacrément recharger nos batteries.

MA BULLE D'ÉNERGIE CORPORELLE

Se créer des routines

Prenez le planning de votre semaine et calez des pauses pour vous donner de l'énergie.

Un peu comme les stands de ravitaillement sur les marathons. Tous les kilomètres, on peut boire une bouteille d'eau, manger une barre de céréales ou une banane. Ces jalons permettent de soutenir l'effort, de s'accrocher. Car on sait quand on va pouvoir faire le plein.

TYPE DE PAUSES À INSCRIRE DANS VOTRE AGENDA

- sports, activités physiques ;
- détente, auto-massage, massage, lecture ;
- sommeil, microsieste ;
- prévoir une longue pause déjeuner, en ne mangeant que de bonnes choses.-)

« La pause, elle aussi fait partie de la musique. »

STEFAN ZWEIG, *LA CONFUSION DES SENTIMENTS.*

CHAPITRE 4

GOÛTER À LA SÉRÉNITÉ DE VIVRE LE MOMENT PRÉSENT

—

“ Vous voulez être heureux ? Restez dans le moment. Et soyez-y vraiment. ”

MATTHEW KILLINGSWORTH

Si vous traversez une période de changement, voulu ou pas, vous ne pourrez pas vous empêcher de penser au passé (« Ah, c'était mieux avant ! ») ou à l'avenir (« Que va-t-il m'arriver ? »).

Alors que c'est le moment d'être au maximum dans l'instant présent.

Pour Christophe André, psychiatre et auteur de nombreux livres sur le bonheur, être heureux requiert deux composantes : ressentir des émotions positives et être dans le présent.

Quand on vit des périodes agitées, notre mental s'emballe. On rumine ses pensées (« Et si j'avais ceci ? Et si ça s'était passé comme ça ? ») et on essaie de planifier l'avenir pour se raccrocher à quelque chose de sûr, de stable. Car nous n'aimons pas ces périodes d'instabilité. Nous voulons retrouver notre équilibre, notre homéostasie.

Cela ne sert pourtant à rien de ressasser ou d'avoir des remords car personne n'a de prise sur le passé. Idem pour l'avenir. On peut avoir des rêves ou des peurs, mais finalement les choses ne se passent pas toujours comme on les a imaginées.

C'est le moment d'apprivoiser l'incertitude et de se mettre en état d'ouverture à ce qui peut se passer, d'adopter la sérendipité.

1. ÊTRE DANS LE MOMENT PRÉSENT

Soyez dans le présent, ne ruminez pas le passé et ne vous projetez pas trop dans l'avenir.

Matthew A. Killingsworth et Daniel T. Gilbert, deux chercheurs en psychologie de Harvard, ont publié dans la revue *Science* (n° 6006, 2010) une étude passionnante sur l'évasion mentale.

Ils ont prouvé que pendant 47 % de notre temps éveillé, nous ne sommes pas focalisés sur ce que nous faisons effectivement. Nous pensons à autre chose.

EXEMPLE

Françoise part à la retraite. Cela fait longtemps qu'elle en rêvait, mais, maintenant que le moment fatidique arrive, elle stresse. Que va-t-elle faire toute la journée ? Son mari est mort depuis cinq ans. Son travail remplissait ses journées. Et, aujourd'hui, elle sent que le vide va être profond. Elle organise un déjeuner avec ses trois meilleures amies pour se changer les idées. Et, au lieu d'en profiter, au lieu d'être présente dans ce bon moment, elle est tout le temps dans ses pensées. Pendant que ses amies parlent, elle est ailleurs. Elle se pose mille questions pratiques, administratives, organisationnelles… Et passe à côté de cet instant qui aurait dû lui faire du bien.

Vous avez compris le concept.

Ces deux chercheurs de Harvard ont démontré qu'il **existait une relation entre cette « évasion par l'esprit » qui dure un moment et le fait d'être malheureux juste après.**

Du coup, qu'est-ce qu'on fait ?

Vous avez compris, grosso modo, que, lorsque vous êtes dans vos pensées et pas dans l'instant présent, vous vous sentez moins bien. Alors, exercez-vous à être dans l'instant présent. Et ça, ça se travaille.

L'idée principale est de s'entraîner à sortir de l'agitation mentale qui nous accable.

Imaginez des fréquences radio dont les ondes représenteraient nos pensées. Au cours d'une journée, plus de soixante mille pensées nous assaillent. Et, souvent, les fréquences sont très rapprochées, voire collées.

Si on commence à se concentrer sur le moment présent, si on se pose, si on médite, ces ondes s'espacent, tout doucement.

Ce sont ces moments de calme qui nous aident à développer notre capacité de présence à ce qui nous entoure. Comme si on était concentré à 100 % sur ce qui se passe là, tout de suite, maintenant. Si vous prenez un café le matin, savourez l'odeur, admirez la couleur, soyez pleinement présent à cette dégustation.

Un des outils efficaces pour **apprendre à ne pas se laisser envahir par nos pensées et vivre dans le moment présent, c'est la méditation.**

2. LES BIENFAITS DE LA MÉDITATION

Pourquoi méditer en période de changement et de transition, alors qu'on a déjà beaucoup de choses à gérer et si peu de temps ?

Des centaines de recherches scientifiques prouvent chaque jour un peu plus les bienfaits de la méditation sur le cerveau.

Notamment celles du professeur Steven Laureys, qui a publié chez Odile Jacob *La méditation, c'est bon pour le cerveau*. Ce neurologue belge s'est spécialisé depuis plus de vingt ans dans les recherches sur les états de conscience. Il est aussi spécialiste du coma. Il a en particulier analysé le cerveau de Matthieu Ricard, qui compte des dizaines de milliers d'heures de méditation. Le moine bouddhiste est un véritable athlète de l'esprit. Son cerveau a une matière grise plus musclée, sa matière blanche (les connexions entre les neurones) est plus développée que celle de la moyenne des gens de son âge. Le neurologue a prouvé avec ces expériences que l'on pouvait véritablement « contrôler son mental » grâce à la pratique de la méditation.

Voici une liste de ses bienfaits :

- **La méditation améliore l'attention**, la concentration et la mémoire.
- **Elle aide à réguler nos émotions.**
- **Elle améliore la connectivité du cerveau :** les deux hémisphères sont mieux connectés entre eux.
- **Elle nous aide à effectuer une action** en utilisant tous nos sens.
- **Elle développe notre activité cérébrale** et notre système immunitaire.
- **Elle amoindrit la perte du volume cérébral** (inéluctable avec l'âge) en stimulant la genèse des branches des neurones et des connexions (les synapses).

Résultat, les personnes qui pratiquent la méditation ont une qualité de présence plus développée. Elles sont plus agiles mentalement et plus créatives.

Elles sont aussi plus calmes, plus douces et plus soucieuses des autres.

Profitez des merveilleuses vertus de la méditation.

C'est exactement ce que l'on cherche quand on traverse une période de changement, où on a besoin d'énergie, de force et de calme pour prendre les bonnes décisions.

MÉDITATION ? PAR OÙ COMMENCER ?

Au début, quand on entendait parler de méditation, on pensait à des gens un peu perchés, ou on s'imaginait avec une robe orange dans l'Himalaya, en train de chanter des « ommm » bizarres. Mais comment s'y retrouver, entre méditation bouddhique, transcendantale, vipassana, zazen, yoga, *mindfulness*... ? Pas facile de faire le tri. Et surtout de savoir ce qui est bon pour nous.

Nous ne sommes pas des professionnelles de la méditation ni des maîtres zen, mais nous avons testé quelques techniques.

Il y a tellement de façons de méditer, cherchez celle qui vous convient le mieux.

- **D'un côté, les pratiques formelles :** la méditation, où on se pose vraiment, en silence. On prend du temps pour se concentrer et se recentrer en faisant le calme en nous. On se focalise sur notre respiration.
- **Et puis il y a les pratiques informelles :** des exercices où l'on développe notre présence dans les activités du quotidien. Où l'on est pleinement présent à ce que l'on fait. C'est la pleine conscience.

Et c'est beaucoup plus simple qu'il n'y paraît.

3. LES PRATIQUES FORMELLES

« Au centre du mouvement et du chaos, restez calme intérieurement. »

DEEPAK CHOPRA

Il existe des centaines de pratiques de méditation.

Certaines sont d'ordre religieux. On pense naturellement au bouddhisme, mais regardez l'adoration chez les catholiques, c'est aussi une forme de méditation. Chaque religion dans le monde a ses propres temps d'introspection.

D'autres pratiques n'ont pas forcément de portée spirituelle, mais elles ont toutes en commun le fait d'installer le calme en nous.

Voici une liste non exhaustive des méditations les plus accessibles pour commencer, pour vous faire gagner du temps si vous voulez vous y mettre.

LE YOGA

Le yoga est pour nous une forme de méditation qui aide à rester souple, à se poser, à se concentrer, à s'étirer et à se détendre. Le yoga allie les postures (les *asanas*) et la respiration (*pranayama*). Le souffle est vital dans cette discipline. On y respire uniquement par le nez.

Tous les exercices de yoga ont pour but de se connecter à son corps, d'apaiser le mental, de récupérer de l'énergie, pour vivre mieux avec soi-même et avec les autres.

Si vous creusez, vous verrez qu'il y a derrière le yoga une philosophie de vie de non-violence, de se satisfaire de ce que l'on a, d'honnêteté, de vérité…

Pour commencer le yoga, nous vous conseillons d'essayer plein de cours et de professeurs différents. Car il y a un yoga pour chacun, promis ! Si vous tombez sur un cours trop dur ou trop lent, ne lâchez pas, et testez-en un autre. Dans la pratique du yoga, le professeur est extrêmement important. Nous en avons fait dix fois l'expérience.

Mélissa a ouvert un centre de yoga à Bordeaux et a embauché trois professeurs différents par discipline. Car on peut aimer un type de yoga, mais pas le professeur, ou au contraire découvrir un professeur incroyable dans une des voies du yoga qui ne nous attirait pas sur le papier.

LES MÉDITATIONS GUIDÉES

On les trouve sous forme d'applications comme Petit Bambou, Head Space ou Mind. Elles sont très accessibles et faciles à faire lors d'un trajet, ou chez soi. Téléchargez-les et essayez.

Elles vous permettent de ponctuer votre journée de petits moments de pause (dans le métro, dans une salle d'attente, sur votre canapé, dans votre lit...).

Il est aussi possible d'avoir accès à des méditations gratuites de grands méditants convaincus. On aime particulièrement Tara Brach aux États-Unis et Deepak Chopra. Il suffit de vous inscrire sur leurs sites Internet. Vous recevrez des newsletters avec des enregistrements pour vous guider.

LA COHÉRENCE CARDIAQUE, UN OUTIL POUR GÉRER LE STRESS

Dans un sens, la cohérence cardiaque pourrait être une forme de méditation. Cette pratique aide à mieux gérer son stress en apprenant à contrôler sa respiration. C'est la règle du 3-6-5. En position assise, trois fois par jour, on effectue six respirations profondes par minute, pendant cinq minutes.

Six respirations par minute, c'est tout à fait jouable : il suffit d'inspirer en comptant jusqu'à 5 et d'expirer en comptant jusqu'à 5. Au début, on trouve ça difficile d'inspirer pendant cinq secondes, mais, dès qu'on se pose, qu'on se calme et qu'on se concentre, on y arrive sans problème.

RespiRelax, par exemple, est une application qui aide à contrôler sa respiration. Se poser pour respirer, c'est déjà un bon moyen de se détendre. Ces exercices agissent directement sur le rythme cardiaque et envoient des messages positifs au cerveau.

LE PROGRAMME MBSR, LA *MINDFULNESS*

Ce paragraphe s'adresse à ceux et celles qui veulent vraiment s'y mettre.

Le programme MBSR (*Mindfulness Based Stress Reduction*) a été développé dans les années 1970 aux États-Unis par Jon Kabat Zinn, docteur en biologie moléculaire et diplômé du MIT, pour traiter la dépression des patients dans les hôpitaux. Ce professeur de médecine pratiquait lui-même le yoga et la méditation. Il a mis au point un protocole très précis pour aider les patients à gérer leur stress, leur anxiété et même la dépression. Souvent ces troubles sont liés à une agitation mentale trop forte, comme les ondes radio qui sont trop rapprochées.

Le principe de base, c'est d'être plus présent, d'apaiser son esprit, de développer son attention et sa concentration au moment présent. D'introduire de la pleine conscience (*la mindfulness* en anglais) dans tous les actes de notre vie.

Le programme MBSR demande une vraie motivation au départ. Mais il est très bénéfique et commence à être employé dans les entreprises.

Il se déroule sur huit semaines. Avec une séance hebdomadaire en présentiel de deux heures et demie et une pratique quotidienne de quarante-cinq minutes. Les séances se composent d'enseignements guidés et d'exercices de pleine conscience. On s'entraîne au *bodyscan* (le balayage corporel), à la marche en pleine conscience et aussi à la méditation assise.

C'est un programme contraignant, mais vraiment efficace.

L'objectif, à la fin des deux mois, est de mieux gérer le stress, les angoisses, les troubles du sommeil… De toucher du doigt la vie en pleine conscience. De profiter plus intensément des choses de la vie.

Ce programme aide à vivre les événements avec plus de sérénité et d'ouverture.

À VOUS DE JOUER

Essayez quelque chose de nouveau cette semaine.
Un cours de yoga ?
Une méditation guidée ?
Téléchargez l'application RespiRelax et entraînez-vous.
Vous voulez tenter le programme MBSR ?

4. LES PRATIQUES INFORMELLES

« Vivre en pleine conscience, ralentir son pas et goûter chaque seconde et chaque respiration, cela suffit. »

THICH NHAT HANH, MOINE BOUDDHISTE

Nous avons eu la chance de rencontrer Matthieu Ricard lors d'un de ses passages à New York. Steven, un de nos amis, était en classe avec lui et ils sont restés proches malgré la notoriété internationale du moine bouddhiste. À la dernière minute, notre ami a organisé un pot chez lui, dans son salon, avec le maître de la méditation. Cela nous a marquées à vie.

Devant trente personnes assises par terre, qui n'avaient jamais médité, Matthieu Ricard a improvisé une séance avec nous tous.

Il s'est assis, les jambes bien ancrées dans le sol, les mains sur les cuisses. Il a fermé les yeux. Il respirait doucement, en contrôlant ses inspirations et ses expirations. Nous l'avons tous imité. En silence. Il était le seul à parler, et nous expliquait que, dès qu'une pensée nous traversait, nous devions la nommer et la faire disparaître, en nous recentrant sur notre respiration. Cela a duré quelques minutes. Assez pour que nous réalisions qu'il suffit parfois de faire le vide, en silence, pour se sentir bien.

Nous n'avons pas tous réussi du premier coup à entrer dans une vraie méditation profonde qui nous aurait transportés, mais nous avons savouré ce moment de pause, tous ensemble, dans ce salon new-yorkais.

Ces gestes simples, on peut les reproduire chez soi, ou dans le métro !

Matthieu Ricard nous a surtout expliqué à quel point il était important de faire chaque geste en conscience, avec bienveillance. En prenant le temps, en prêtant attention aux autres, en envoyant des pensées positives tous les jours à des gens qu'on connaissait (ou même à des inconnus croisés dans la rue). On a découvert que l'on pouvait méditer à vélo, en mangeant ou en marchant. Il suffit pour cela de se connecter à ses sens.

Après ces deux heures passées avec lui, nous marchions tous sur un nuage.

COMMENT DÉVELOPPER LA PLEINE CONSCIENCE ?

Nous vivons souvent en mode « pilote automatique ». Des gestes du quotidien deviennent des activités mécaniques. C'est ainsi qu'on ne sait plus si on a bien fermé la porte, ou qu'on réalise que la tablette de chocolat est déjà terminée.

Commençons par un exemple.

Vous êtes sous la douche. Au lieu de la prendre en deux minutes montre en main, en pensant à votre *to do list* du jour, posez-vous. Observez l'eau qui coule sur votre visage, puis votre corps. Intéressez-vous à la température : est-elle agréable ? Ressentez la puissance du jet, ou sa douceur. Qu'est-ce que cela provoque comme sensations ? Humez le parfum du savon, du shampooing. Apprenez à ressentir ce qui se passe dans votre corps, à vous brancher sur le canal sensoriel.

C'est ça, être présent. Être en pleine conscience.

En développant votre attention pour un geste en particulier, en le faisant tous les matins, vous améliorerez peu à peu la qualité de votre présence dans l'action.

Et, petit à petit, on pourra inclure une autre tâche que l'on exécutera en conscience, toujours : nous laver les dents, couper une tomate, écouter vraiment quelqu'un qui nous parle.

À VOUS DE JOUER

Voici quelques exercices faciles pour s'entraîner...

1. Mangez en pleine conscience

Depuis que nous avons découvert l'exercice du raisin sec en *mindfulness*, nous essayons de manger différemment.

Prenez un raisin sec entre vos doigts, portez votre attention sur ce que vous ressentez : est-il doux ? Ridé ? Quelle est sa texture ? Sa taille ? Sentez-le. Puis posez-le sur votre langue, observez ce qui se passe dans votre bouche, soyez entièrement concentré sur cette observation.

Puis croquez-le, sentez l'éclatement du grain dans la bouche, le goût qui arrive, la chair qui se délite, la peau qui reste. Elle a peut-être un autre goût.

Vous avez compris comment ça marche.

Maintenant, quand vous mangez quelque chose, prenez le temps d'observer, de sentir, de toucher, de goûter. Vraiment.

2. Faites la cuisine en conscience

Au lieu de couper les ingrédients en trois minutes en pensant à la réunion stressante du lendemain, voici un petit exercice pour vous.

Nous, on adore les salades de tomates-mozzarella. La prochaine fois que vous en ferez une, essayez de la préparer en conscience. En en profitant. Sentez les tomates, regardez leur forme, coupez-les en observant l'intérieur, la peau, la couleur, le jus. Quand vous ajoutez l'huile d'olive, humez-la avant de la verser. Et surtout le basilic ! Mmmm... Découpez-le en sentant à quel point l'odeur des feuilles ciselées est puissante. Un basilic peut vous emporter en Provence ou en Italie en une seconde ! Attaquez-vous à la mozzarella, enfoncez le couteau, voyez la différence de texture.

Pensez à tous ceux qui ont travaillé pour l'apporter jusqu'à vous. Puis le sel et le poivre, regardez-les se casser et fondre sur le mélange… Une salade de tomates, quand on est en pleine conscience, c'est un voyage !

3. Marchez en pleine conscience dans la forêt

Faites comme les Japonais, qui remettent au goût du jour le *shinrin-yoku*, les bains de forêt.

Le *shinrin-yoku*, c'est « le fait d'entrer en contact avec l'atmosphère de la forêt et de l'absorber ». C'est une balade, en connexion avec ses sens. On marche dans une forêt et on observe les arbres, le ciel, les feuilles, les racines. On sent les odeurs de la terre, du bois, des animaux. On touche les écorces, les mousses, les branches. On écoute, en conscience, les bruits autour de nous.

Le docteur Qing Li est un médecin immunologiste chinois venu au Japon en 1998. Il est le président et membre fondateur de la société japonaise de sylvothérapie, qui dirige des recherches avancées depuis 2005. Il a prouvé que les bains de forêt réduisaient le stress, augmentaient la pression sanguine, le niveau d'énergie et la concentration. Les études ont aussi démontré que des bains de forêt réguliers, en conscience, boostaient le fonctionnement du système immunitaire. Les patients qui pratiquent le *shinrin-yoku* voient en effet leur taux de lymphocites NK (de l'anglais *Natural Killer*) augmenter sensiblement.

Expérimenter le *shinrin-yoku*, c'est vivre pleinement dans le moment présent, profiter de la beauté des arbres, sentir la terre, son énergie, recueillir toutes les particules bienfaitrices dégagées par les feuilles et les épines. Respirer de l'air pur, s'émerveiller.

Et, pour les plus audacieux, enlacer un arbre, pourquoi pas ? (Dans Central Park, à New York, il y a chaque année un concours de photos du meilleur « *hug a tree* ». On peut vous dire qu'il y a des pépites !)

Quand on réussit à être bien connecté à ses sens, à créer des moments où on est présent à ce qu'on fait, on est plus ouvert à l'inconnu, aux intuitions qui arrivent et on peut se laisser surprendre par les synchronicités.

5. LE POUVOIR MAGIQUE DES SYNCHRONICITÉS

Synchronicité, késako ?

Figurez-vous que ça vous est déjà arrivé des centaines de fois.

EXEMPLE

Cécile vient de lancer un site Internet et elle bloque sur la couleur. Elle fait des dizaines d'essais avec son graphiste. Rien ne marche. Le week-end, elle se promène avec une amie au musée Rodin, à Paris. Et, dans la boutique, elle tombe sur un livre qui l'interpelle. Sa couverture orange vif est exactement ce qu'il lui faut pour son site.

Si elle avait été sur son portable, ou si elle était passée sans vraiment regarder ce qu'il y avait autour d'elle, elle n'aurait jamais remarqué ce livre.

Les synchronicités, ce sont toutes ces manifestations du hasard que l'on croise dans la vie.

Carl Gustav Jung, psychiatre suisse, est l'inventeur du concept de synchronicité.

Dans son livre *Synchronicité*, il parle d'une patiente, très cultivée et trop cartésienne. Elle manque de confiance en elle et éprouve des difficultés émotionnelles. Sa vision de la vie est très « géométrique ». Difficile pour Jung de la faire progresser vers une « compréhension un peu plus humaine » du monde. Lors d'une séance, elle lui raconte un rêve dans lequel on lui offre un bijou en forme de scarabée d'or. À la fin de son récit, un insecte tapote à la fenêtre. Jung découvre un scarabée vert doré, rare dans cette région. « Le voilà, votre scarabée », aurait-il dit. Cet événement fut comme un choc pour elle, qui débloqua ses résistances. Il « perfora son rationalisme et brisa la glace de sa résistance intellectuelle ». Elle était enfin prête à abandonner les limites de sa pensée.

“ Si je devais
recommencer
ma vie,
je n’y voudrais
rien changer :
seulement,
j’ouvrirais
un peu plus
grand les yeux. ”

JULES RENARD

La **synchronicité**, nous dit Carl Gustav Jung, c'est « l'occurrence simultanée d'au moins deux événements qui ne présentent pas de lien de causalité, mais dont l'association prend un sens pour la personne qui les perçoit ».

Les synchronicités, si vous les remarquez et si vous les acceptez, sont un formidable guide dans le processus de changement. Ces événements improbables qui entraînent une cascade de coïncidences peuvent avoir une incidence significative dans les choix qui se présentent à vous.

Ceux qui vivent avec trop d'habitudes ou restent dans leur tunnel n'ont aucune chance d'expérimenter une synchronicité, vous l'aurez compris.

Or c'est justement quand on est dans une période de changement qu'il faut être à l'écoute de ces synchronicités. Arrêter d'intellectualiser, de vouloir tout maîtriser.

Prêtez attention à tous ces hasards de la vie, ils sont un formidable guide.

À VOUS DE JOUER

Essayez de reconnaître ces synchronicités, de les accueillir, de les questionner. Et, surtout, faites-leur confiance. Ne soyez pas trop cartésien, pour une fois !

Des hasards de la vie, il y en a plein, si on s'y intéresse. Vous tombez par hasard, dans un coin improbable, sur l'ancienne institutrice de votre fille aînée, exactement quand vous hésitez entre deux écoles pour votre petit dernier. Posez-vous la question : ne devrais-je pas mettre le petit dans cette école que j'ai beaucoup aimée ? Ou, au contraire, cette maîtresse était si sévère et si dure, ai-je envie de replonger dans la même chose ?

EXEMPLES

Céline visite deux appartements à louer. Impossible de choisir, mais sur l'interphone d'un des deux appartements un nom l'interpelle. C'est le même nom de famille que celui de son meilleur ami quand elle avait sept ans. N'est-ce pas un signe positif pour lui dire qu'elle sera bien dans cet immeuble ?

Thibaut est entrepreneur. Il travaille comme un fou depuis un an et se sent prêt à lancer son produit. Il doit passer à la vitesse supérieure. Dans le métro, un week-end, il discute avec sa femme à propos d'un ancien fournisseur qu'il n'a pas vu depuis cinq ans. Il parle de lui en disant que c'est exactement le genre de personne avec qui il aimerait développer son business. Et une heure après, incroyable ! Il reçoit un SMS de cette personne, qui voulait prendre de ses nouvelles et lui propose de prendre un café.

« Si l'on sait qu'on ne sait pas,
si l'on est attentif
à ce que l'on ne connaît pas,
si l'on guette ce qui apparaît
comme inconnu,
c'est alors qu'une découverte
est possible. »

PIERRE SOULAGES

MA BULLE DE RITUELS ZEN

Vivre l'instant présent

Dans cette bulle, nous allons vous proposer d'introduire des pauses méditatives dans votre quotidien pour développer la pleine conscience.

- **Au lieu de vous lever d'un coup et de foncer prendre un café, restez deux minutes dans votre lit et visualisez votre journée.** Vos rendez-vous, les choses qui vous plaisent, celles qui vous plaisent moins.
- **Essayez de faire des mouvements d'assouplissement au réveil.** Même des gestes simples, juste pour vous réveiller en douceur. Pour aller plus loin, nous aimons les salutations au soleil ou les « 5 tibétains ». (Regardez sur Internet cette pratique des moines bouddhistes. Vous pouvez ne faire qu'un seul des mouvements, c'est déjà très bien.)
- **Vous pouvez aussi faire quatre ou cinq respirations profondes, en conscience.** En comptant 4 à l'inspiration et 4 à l'expiration. Cela aura le mérite de vous ancrer.

Le but de ce genre de pratique est de vous permettre de vivre le moment présent.

Même si vous ne choisissez qu'un seul de ces rituels, c'est déjà un grand pas.

- **Vous pouvez aussi ponctuer votre journée ou votre semaine de moments de pauses méditatives.** Choisissez dans tous les cas un timing précis que vous pouvez respecter. L'idée est que cela devienne progressivement une habitude. Par exemple, écouter une méditation guidée le samedi matin pour débuter le week-end, faire quinze minutes de mouvements de yoga le vendredi soir, respirer en conscience cinq minutes tous les lundis matin pour démarrer votre semaine…

Ensuite, faites le point.

Ces pratiques vous ont-elles permis de passer une meilleure journée ? Quels sont les bénéfices que vous avez ressentis ? Souhaitez-vous ajouter une autre pratique cette semaine ?

Petit à petit, ces nouveaux rituels vous permettent d'avoir des moments de reconnexion au présent, des rendez-vous d'introspection. Ils vous aident à profiter de chaque instant, en cloisonnant les tâches, en étant bien présent à ce que vous faites, sans trop vous projeter, sans broyer du noir ni penser à tout ce qui ne va pas marcher !

CHAPITRE 5

L'ART DE CULTIVER DES RELATIONS POSITIVES

“ Personne ne choisirait de vivre sans amis, eût-il tous les autres biens. ”

ARISTOTE

Sans relations avec les autres, on dépérit. En période de changement, on a encore plus besoin des autres, pour partager, se faire aider, trouver du réconfort ou rigoler. C'est un moment important où il faut cultiver des relations positives, qui nous apporteront l'énergie dont nous avons besoin.

POURQUOI C'EST VITAL ?

– Les bonnes relations nous rendent heureux et nous maintiennent en bonne santé

Pendant plus de soixante-quatorze ans, des chercheurs de Harvard ont étudié le cas de 724 jeunes hommes de Boston, dont 60 sont toujours en vie, pour tenter de percer le secret du bonheur.

La moitié des jeunes adultes suivis venaient de l'élite bostonienne, en particulier des étudiants de Harvard. L'autre moitié étaient de jeunes adultes des quartiers les plus pauvres de Boston. Le but de l'étude était d'« obtenir le portrait le plus précis de leurs vies » en recueillant des centaines d'informations.

« Nous ne faisions pas que leur faire remplir un questionnaire, nous les interviewions chez eux, nous récupérions leurs dossiers médicaux chez leurs médecins. On prélevait leur sang, on scannait leur cerveau, on parlait avec leurs enfants. On les filmait en train de parler avec leurs femmes de leurs plus gros soucis », explique le psychiatre Robert Waldinger, quatrième directeur de cette étude.

Les conclusions sont si simples que c'en est désarmant.

Le secret du bonheur, c'est la qualité de nos « connexions sociales ».

Les personnes qui vivent le plus longtemps, en bonne santé et heureuses, sont celles qui ont entretenu des relations positives avec leur entourage.

Être proche de sa famille, de ses amis, être intégré dans une communauté, développer des relations de qualité, voilà la clé.

– ***Gemeinschaftsgefühl*, l'importance du sentiment d'appartenance**

Alfred Adler (1870-1937), neurologue et psychologue viennois, parle du « sentiment d'appartenance » ou sentiment social de communauté. Il explique à quel point nourrir cette aspiration est vital. Chaque être humain a besoin d'être intégré à un ou plusieurs groupes et **de pouvoir contribuer au bonheur de ce groupe**. Alfred Adler a été l'un des premiers à proposer des thérapies de groupe ou familiales et à travailler avec les écoles.

Pour que ce soit un bon carburant, il faut privilégier les relations authentiques, celles où l'on se sent en confiance, où l'on se montre en vérité, sans carapace ni armure, avec nos forces et nos fragilités.

1. COMMENT CULTIVER LES RELATIONS POSITIVES ?

Notre relation avec les autres est une source d'énergie inépuisable, si on sait la gérer.

« Bienheureux est celui qui sait que partager une douleur revient à la diviser et que partager une joie revient à la multiplier. »

FACUNDO CABRAL, CHANTEUR

S'ENTOURER DE PERSONNES QUI NOUS FONT DU BIEN ET ÉVITER CELLES QUI SONT TOXIQUES

Les gens qui nous font du bien, ce sont des amis, des membres de notre famille ou de notre communauté avec lesquels on peut partager les moments difficiles. Ceux avec lesquels on peut parler de nos problèmes, dire ce que l'on ressent sans se sentir jugé. Les voir nous apaise.

La première chose à faire est de bien les identifier. On aurait tendance à penser que ce sont nos meilleurs amis ou notre famille. Mais on est parfois en compétition cachée avec un ami de toujours. On a peut-être un frère qui nous jalouse ou des relations difficiles avec l'un de nos parents.

Certaines personnes nous sont proches, pourtant, on sent toujours une tension lorsqu'on est avec elles. On peut même éprouver des sensations physiques désagréables.

Identifier les gens qui vous mettent en tension vous permet de les tenir à distance.

EXEMPLE

Laurence a une amie d'enfance très proche, mais très compliquée et pas toujours bienveillante. Elle a le don de trouver toujours le petit mot qui appuie là où ça fait mal. Il suffit que Laurence voie le nom de cette amie s'afficher sur l'écran de son téléphone pour qu'elle sente immédiatement une boule dans la gorge.

À VOUS DE JOUER

Écrivez la liste des dix personnes qui vous ont fait du bien dans votre vie.

Choisissez-en une ou plusieurs et demandez-vous : qu'a-t-elle dit ou fait ? Quel regard porte-t-elle sur moi ?

Notez ce que ça a généré comme bénéfice chez vous. Ce que cela vous a apporté ou permis de réaliser.

Une fois qu'on a identifié les « connexions positives » et qu'on a réussi à s'éloigner des personnes toxiques, il faut s'attaquer à la façon dont on communique dans ces périodes de doute et de changement.

OSER DIRE CE QUI NE VA PAS

Se raconter, mettre des mots sur ce que l'on vit, le partager est source de libération. Cela nous permet d'éclaircir notre pensée, d'entrevoir des solutions.

Certaines personnes ont du mal à partager ce qui ne va pas.

> « Sachant que tout ce qui ne s'exprime pas s'imprime, il est souhaitable de favoriser l'expression au-delà de l'émotion ou du retentissement. Cette pratique permetra d'éviter quelques somatisations, du stress et de l'angoisse. »

JACQUES SALOMÉ, PSYCHOLOGUE ET ÉCRIVAIN

EXEMPLE

Éva s'est séparée de son mari il y a six mois. Chaque fois qu'on lui pose la question : « Comment ça va ? », elle répond toujours : « Très bien ! Tout va très bien ! » Alors qu'en vérité, par moments, elle ne va pas si fort que ça. Il lui suffirait de répondre : « Pas terrible aujourd'hui », d'oser se raconter un peu, de dire ce qui la rend triste. Et tout cela se détacherait d'elle. Elle trouverait réconfort et coopération.

Il est difficile de s'ouvrir, de s'exposer au jugement de l'autre, de lâcher le rôle de celui qui contrôle chaque pan de sa vie et réussit partout.

C'est un peu comme une fleur qui s'ouvre. Si on essaie d'en dire juste un peu, si on raconte une fragilité, les bienfaits qu'on peut en tirer vont vite se révéler. Plus on montre ses faiblesses, plus on reçoit de l'aide.

Quand on partage ses peurs, ses inquiétudes, on se rend compte qu'on n'est pas le seul dans ce cas. Tout le monde ressent des doutes, du stress. Les partager nous allège. Et voir les autres rebondir dans les périodes de difficulté nous donne une vision optimiste de la vie.

N'hésitez donc pas à dire dans quel état vous êtes, déchargez-vous. Une fois « posées » et partagées, vos émotions négatives seront aussitôt moins impressionnantes.

EXEMPLE

Valérie a monté une boîte il y a dix ans. Elle a travaillé comme une folle et s'est investie à 100 % pour la développer. Elle a fait appel à du financement extérieur et s'est retrouvée minoritaire. À la suite d'un conflit, elle s'est fait renvoyer par l'actionnaire principal. Elle est effondrée, mais n'ose pas dire à son entourage à quel point c'est dur. Elle n'a jamais été du genre à se plaindre.

La première fois qu'elle se confie en racontant à des amis ce qui lui est arrivé, elle laisse sa colère exploser et fond en larmes.

Cette explosion a le mérite de l'aider à encaisser le choc. Et petit à petit, elle s'apaise.

C'est aussi comme ça qu'elle recevra de l'aide. Montrer ses faiblesses donne envie à son entourage de l'aider. Elle se met à rencontrer des gens qui ont vécu la même expérience et qui ont su rebondir. Ces rencontres et ces échanges lui redonnent espoir.

Dans les moments de grand changement, il faut chercher à tout prix à se raconter sincèrement, à faire confiance à l'autre pour qu'il puisse accueillir ce qu'on va lui dire.

« Un ami qui comprend nos larmes a beaucoup plus de valeur que plein d'amis qui ne comprennent que notre sourire. »

FRANÇOISE SAGAN

Il est plus facile d'aider une personne en difficulté quand elle exprime ce qui ne va pas.

Cessez de croire que l'autre a le pouvoir magique de deviner ce que vous êtes en train de vivre. Comment voulez-vous qu'il le sache si vous ne le formulez pas clairement ?

À VOUS DE JOUER

Identifiez un moment où vous avez masqué ce que vous traversiez.
Choisissez une personne à qui vous pourriez vous confier.
Pensez à un doute, une interrogation que vous souhaiteriez partager avec celle-ci.
Puis passez à l'action.
En sortant du rendez-vous, notez tous les bienfaits que vous avez ressentis.
Votre situation s'est-elle éclaircie ?

2. COMMUNIQUER AVEC AUTHENTICITÉ

Communiquer avec authenticité, c'est apprendre à exprimer ce que l'on ressent, ce que l'on souhaite partager sans peur d'être jugé et d'entendre ce que l'autre a à nous dire aussi.

Cet équilibre dans la communication, entre *être actif* et *être passif*, s'appelle l'assertivité.

Andrew Salter, psychologue américain, a introduit ce terme pour parler de la capacité de s'exprimer et de défendre ses droits sans empiéter sur ceux des autres. C'est une attitude *gagnant-gagnant*.

L'idée principale : **communiquer en respectant les autres et en se respectant soi-même.**

Chercher l'assertivité peut nous aider dans les moments où tout bouge autour de nous. Car elle nous ancre, elle nous installe dans un sentiment de confiance. Plus qu'une méthode ou une technique, l'assertivité est une attitude d'assurance personnelle, de confiance en soi, de « force tranquille ».

Cette attitude nous aide à être à notre place.

Avouons-le, on ne devient pas assertif du jour au lendemain.

Voici trois comportements à viser :

- **Être responsable de ce que l'on dit.**
- **Avec cette responsabilité, parler à la première personne du singulier**. Utiliser le « je » pour s'exprimer. Personne ne pourra remettre en question ce que **vous** ressentez, ce dont **vous** avez besoin.
- **Accepter le fait qu'on ne peut pas changer les autres.**

« Je suis responsable de mes paroles,
de l'impact psychologique de mes paroles. »

MICHEL LACROIX, *PAROLES TOXIQUES, PAROLES BIENFAISANTES.*

LA PUISSANCE DE LA COMMUNICATION NON VIOLENTE (CNV)

Quand nous sommes stressés, la communication avec notre entourage peut devenir compliquée, voire orageuse. C'est souvent difficile de trouver les mots justes.

Dites-vous que les mots justes, ce sont ceux qui vous respectent et respectent les autres. Les mots bienveillants et empathiques, qui ne portent pas de jugement, qui exposent les faits et ce que vous ressentez. La CNV se développe beaucoup en entreprise pour favoriser la coopération et l'engagement de chacun, mais aussi dans la sphère familiale pour améliorer les relations parents-enfants.

Dans son livre *Les mots sont des fenêtres*, Marshall Rosenberg, le père de la communication non violente, nous dévoile les quatre étapes importantes pour bien communiquer.

Cela demande de s'entraîner. C'est un peu comme apprendre à faire du vélo. On essaie une première fois, puis une deuxième… jusqu'au moment où ça marche ! On a l'impression de s'envoler.

Bien communiquer, c'est pareil. Au départ, cela ne nous paraît pas forcément simple, puis petit à petit on se sent plus confiant, jusqu'à développer une communication plus fluide.

LES CLÉS DE LA CNV

On distingue quatre étapes dans la communication non violente. Il est impératif de les suivre, car elles nous permettent de partir des faits, de dire ce que l'on ressent, d'en déduire ce dont on a besoin et la solution qu'on propose.

1. L'OBSERVATION

On se concentre sur les faits objectifs : ce qui s'est passé, ce qu'on voit, ce qu'on entend.

Exemple : nous avions rendez-vous à 9h30, tu es arrivé à 10 heures.

2. LES ÉMOTIONS

On se demande comment on se sent. Quelle émotion ressent-on ?

Exemple : j'ai été déçu et énervé, car c'est la troisième fois que tu arrives en retard à nos rendez-vous.

3. LES BESOINS

On se pose la question de savoir quels sont nos besoins, nos attentes ?

Exemple : j'ai besoin de respect.

4. LES DEMANDES

On passe à l'action. Quelles actions concrètes aimerait-on mener?

Exemple : la prochaine fois, pourrais-tu arriver à l'heure ou me prévenir de ton retard pour que je puisse faire autre chose ?

Garder à l'esprit ces quatre étapes vous aidera à trouver les mots justes et vous évitera bien des dérapages.

D'AUTRES CONSEILS POUR BIEN COMMUNIQUER

- Cultiver la bienveillance

Quand on traverse un moment difficile, l'estime de soi peut être ébranlée. On a besoin de douceur, de se sentir valorisé par le regard de l'autre. D'être en confiance et d'éprouver de la sérénité.

Bienveillance et encouragement sont vraiment deux qualités à développer. Plus vous abonderez dans ce sens, plus les autres le feront avec vous. En période de changement, on a davantage besoin d'être encouragé que d'encourager. Et pourtant, même si cela semble contre-intuitif, plus on donnera de l'élan autour de nous, plus on en recevra… La fameuse règle « plus on sème, plus on récolte ». Ça marche pour le maïs, ça marche aussi pour nous.

Parmi les personnes qui nous font du bien, il n'y a pas que les gens doux et empathiques, qui seront là pour nous écouter. On a aussi besoin de se défouler et de rire ! Pensez à ceux de votre entourage avec qui vous aimez vous amuser, partager des moments joyeux, festifs et légers.

- Apprendre à dire non

Dire non, c'est difficile. Souvent on n'ose pas. On a peur de blesser la personne. Savoir dire non nous permet de prioriser ce qui est important pour nous. Savoir dire non, c'est oser dire oui à nous-même, à ce qui est important pour nous à ce moment-là.

> « Être heureux,
> c'est apprendre à choisir. (…)
> Bien vivre, c'est apprendre
> à ne pas répondre à toutes
> les sollicitations, à hiérarchiser
> ses priorités. »
>
> SÉNÈQUE

Choisir, c'est renoncer. On ne peut pas tout faire. Souvent, on n'ose pas dire non car notre volonté d'aider les autres, d'écouter, de prendre soin de l'autre prime sur nos besoins et l'importance de les faire passer avant ceux des autres. Il y a souvent beaucoup de culpabilité à dire non. On imagine qu'on va être perçu comme égoïste. C'est toujours une question d'équilibre !

Voilà une étincelle que nous avons découverte assez tard :

> Dire non, c'est dire non à la demande ou à la tâche. Pas à la personne qui vous demande. Ce n'est pas parce que vous lui dites non que vous ne l'aimez pas.

Et ça, ça change tout.

Dans les moments difficiles, il est plus important que jamais d'être capable de poser des limites.

EXEMPLE

Élodie, dont le deuxième enfant part bientôt de la maison, ose maintenant dire à une amie de passage : « Non, je ne peux pas déjeuner avec toi samedi, nous avons besoin de nous retrouver en famille. C'est le seul week-end où nous sommes ensemble tous les quatre avant que Juliette s'en aille. »

La communication non violente nous permet d'exprimer nos besoins : « Je me sens débordée » (émotion), « j'ai besoin de temps » (besoin). « Nous pouvons partager les conduites une fois sur deux » (solution).

À VOUS DE JOUER

Essayez de vous souvenir d'un moment où vous avez dit non à un événement prévu (pot au bureau, café avec une personne, déjeuner), comment vous êtes-vous senti ? Vous avez peut-être éprouvé une forme de culpabilité au départ. Mais aussi certainement beaucoup de détente d'avoir allégé votre emploi du temps, d'avoir récupéré du temps pour vous consacrer à ce qui était important et prioritaire pour vous à ce moment-là.

« Bien que nous puissions avoir l'impression que notre façon de parler n'a rien de violent, il arrive souvent que nos paroles soient source de souffrance pour autrui ou pour nous-même. »

MARSHALL ROSENBERG, *LES MOTS SONT DES FENÊTRES.*

- Découvrir la force du pardon

Dans ces moments de fortes turbulences, nos relations avec notre conjoint, nos enfants, notre famille, nos amis ou même au bureau peuvent s'avérer houleuses. Le ton monte, on dit des choses blessantes. Ou on se sent offensé. On éprouve de la tristesse, de la colère. On se met à ruminer et on regrette. Il est bon de redécouvrir dans certains conflits la force du pardon.

Être capable de dire : « Je suis désolé. »

Quand nous traversons des périodes de changement, nos émotions oscillent plus fortement. Et elles nous dépassent. On ne contrôle plus ce que l'on dit ou ce que l'on fait. Parallèlement, ce sont des moments où nous sommes aussi plus sensibles, nous prenons mal les choses.

Pardonner, c'est réussir à ne pas vouloir se venger. Essayer de ne pas dire : « Je n'oublierai jamais ce que tu m'as fait. »

Savoir pardonner aide à entretenir des relations harmonieuses avec son entourage et à retrouver de la sérénité après un conflit.

Jean Monbourquette est un psychologue québécois. Il a beaucoup écrit sur le pardon. « Vivre fâché, même inconsciemment, demande beaucoup d'énergie et entretient un stress constant », nous dit-il.

« Si on ne pardonne pas, on ne peut pas être dans l'instant présent. On s'accroche au passé et on se condamne à rater son présent. Et, en plus, on bloque son avenir. »

JEAN MONBOURQUETTE, *COMMENT PARDONNER ? PARDONNER POUR GUÉRIR, GUÉRIR POUR PARDONNER.*

3. S'INSPIRER DES EXPÉRIENCES DES AUTRES

Voici une étincelle très puissante :

Discutez avec des personnes qui vivent la même chose que vous. Échangez, partagez, inspirez-vous de l'expérience des autres.

Quels sont les avantages ?

- **On gagne toujours du temps en s'inspirant des autres.**
- **On développe confiance et sérénité.** En effet, quand d'autres partagent leurs doutes ou leurs difficultés, on réalise qu'on n'est pas les seuls à avoir des problèmes. S'ils ont réussi à traverser ces épreuves, on devrait y arriver nous aussi.
- **On ouvre le champ des possibles**, en s'inspirant de chemins empruntés par d'autres.

EXEMPLES

Valentine va bientôt accoucher. Rien de mieux que de discuter avec d'autres femmes enceintes, d'échanger le plus possible lors des séances de préparation à l'accouchement. Dans ces rendez-vous, on n'a pas honte de poser des questions étranges. Tout le monde est dans le même bain, c'est plus simple.

Julie découvre qu'elle a un cancer du sein. Elle a vite trouvé un groupe de femmes touchées aussi. Certaines en sont au même stade qu'elle, d'autres plus avancées, d'autres moins. Elle sent que ça lui fait du bien de partager. C'est parfois rassurant, parfois dur, mais cela a le mérite de la prévenir de ce qui va lui arriver, pour mieux se préparer. Les groupes de parole sont des endroits d'échange, où personne ne juge et où on peut partager sereinement.

Dans les expatriations, par exemple, repérez ceux qui arrivent en même temps que vous, qui vivent les mêmes problématiques, qui ont les mêmes questions. Vous verrez que l'entraide se met en place naturellement.

Même chose pour les changements de carrière.

Si vous avez perdu un parent, partagez avec des personnes qui ont vécu la même perte, écoutez-les, laissez-les vous expliquer comment ils ont fait leur deuil.

EXEMPLE

Danièle est mutée à Marseille. Elle vient de Bretagne et elle n'a que des clichés sur le Sud. Elle ne connaît personne là-bas et a peur d'être perdue. Elle en parle à sa voisine au moment où le camion de déménagement arrive devant chez elle. Justement, la cousine de cette voisine habite à Marseille. Danièle a une première personne à contacter sur place !

Demandez des tuyaux, partagez vos doutes.

C'est la force de l'inspiration. S'imprégner de l'expérience des autres pour faire les bons choix. Ou, au contraire, considérer les choses différemment, grâce aux erreurs ou conseils des autres.

C'est aussi une source de créativité. S'ouvrir aux autres, aux autres façons de faire par rapport à nos schémas et nos codes, nous rend plus innovant et apporte des solutions ou des pistes que nous n'aurions pas imaginées.

Ne croyez pas que vous êtes isolé. Vous êtes beaucoup plus connecté que vous ne croyez. Il faut juste se bouger un peu, partager ses doutes en toute authenticité… et récolter !

À VOUS DE JOUER

Dans le ou les changements que vous êtes en train de vivre, identifiez une ou plusieurs personnes qui traversent la même chose que vous et avec qui vous allez pouvoir échanger.

Quand allez-vous les rencontrer ?

Programmez ces rencontres (un café, un apéro, un rendez-vous dans un bureau, un dîner, une balade ?).

Avant de les voir, vous pouvez noter vos questions, vos interrogations.

À la suite du rendez-vous, notez une ou deux idées nouvelles qui vous ont surpris ou qui vous interpellent et que vous auriez envie d'essayer.

4. PUISER DE L'ÉNERGIE DANS LES ÉMOTIONS PARTAGÉES

UN APPORT SCIENTIFIQUE TRÈS IMPORTANT : LES NEURONES MIROIRS

Il a été mis en évidence que nous avions des neurones miroirs. Ils nous permettent de nous voir agir à la place de l'autre comme dans un miroir. Comme si nous réalisions nous-mêmes l'action que l'autre accomplit en face de nous.

C'est un phénomène neurologique qui serait à l'origine de l'apprentissage par imitation.

Certaines premières découvertes nous apprennent que ces neurones pourraient être impliqués dans la compréhension des autres. Ils nous aideraient à mieux appréhender leur comportement, à développer des sortes de capteurs pour jauger l'humeur de ceux qui nous entourent.

Ces neurones miroirs sont à l'origine du phénomène de contagion des émotions.

LA CONTAGION ÉMOTIONNELLE

Vous connaissez ces vidéos de gens qui explosent de rire dans un métro bondé où tout le monde fait la tête. Quelqu'un commence à rire, rire, rire, sans s'arrêter en lisant un livre. Il rit comme s'il était seul et qu'il n'y avait personne autour. Petit à petit, les gens autour sourient, puis se mettent à rire et, à la fin, tout le wagon est mort de rire.

> N'oubliez jamais le pouvoir d'un sourire.
> C'est simple, gratuit, puissant et efficace.

C'est aussi ce que les Américains appellent le « *Smile Power* ». On ne va pas vous faire un chapitre là-dessus : vous connaissez ce concept.

Le sourire, c'est l'arme fatale.

Repensez aux liesses populaires.

L'élection d'Obama aux États-Unis a mis tous les gens dans la rue. Ils ont fait la fête ensemble pendant plusieurs jours.

Pendant la Coupe du monde de football en 2018 en France, les gens ont été plus connectés que d'habitude et ont fêté la victoire ensemble.

On appelle ça l'émotion-contagion, ou la contagion émotionnelle.

> Expérimentez la contagion émotionnelle, cette faculté de changer les émotions des autres par votre propre humeur (et vice versa).

EXEMPLE

Quand votre boss arrive de mauvaise humeur le lundi matin, qu'il est très énervé, toute l'équipe le ressent.

À l'inverse, s'il arrive d'une humeur d'ange et en pleine forme, le lundi n'est pas vécu de la même façon.

C'est une étincelle importante de savoir que les émotions sont contagieuses. Ainsi, suivant ce que l'on vit, on pourra choisir les environnements qui nous font du bien.

À VOUS DE JOUER

Identifiez un bon moment que vous avez passé avec des collègues, des amis, de la famille. Quelle était votre humeur en arrivant à ce rendez-vous ? Et l'énergie que vous aviez en repartant ? Quel a été l'impact sur votre bien-être ? Si c'est positif, il ne tient qu'à vous de planifier de bons moments avec ceux qui vous apportent ces coups de boost.

« On ne peut être heureux sans les autres. »

L'ABBÉ PIERRE

« Le bonheur, c'est comme une onde de choc. »

NICHOLAS CHRISTAKIS,
SOCIOLOGUE ET MÉDECIN

MA BULLE DE PARTAGE

Planifier et créer de bons moments avec notre entourage

Organiser un futur bon moment procure presque autant de plaisir que de le vivre.

EXEMPLES

Sandrine a perdu son mari et elle nous a expliqué que le fait de planifier de bons moments à venir (un dîner avec des amis, des vacances avec des gens qu'elle aime) l'a aidée à traverser cette période de deuil.

De façon plus légère, c'est aussi le cas de Laure, qui a une grosse échéance professionnelle dans quatre mois. Savoir qu'elle partira en Espagne avec son mari et ses enfants juste après lui donne l'énergie pour tenir.

Voilà des étincelles qui marchent très bien pour trouver et garder de l'énergie.

Prévoyez des moments avec les gens que vous aimez, qui vous apportent de la joie, de la sérénité, et le plus souvent, de l'affection, de l'amour.

On ne parle pas que de moments extraordinaires ou de voyages au bout du monde ! Partager des moments simples avec les gens qu'on aime, voilà le secret. Cela peut être une marche dans la ville avec son amoureux pour découvrir un nouveau quartier, une balade à vélo avec des collègues de bureau, un café un samedi matin sur la place du marché avec une amie intime, la cueillette des fruits et légumes avec les enfants le week-end…

Le fait d'anticiper ces événements, de jalonner votre semaine, votre mois, votre année, de ces petits boosters d'énergie, vous procurera des émotions positives avant même de les vivre.

Et, bien sûr, une fois ce moment passé, comme vous en aurez bien profité, le plaisir s'amplifiera en y pensant et en en parlant.

C'est ce qui s'appelle faire durer le plaisir.

Partager des moments simples avec les gens qu'on aime, voilà le secret.

EXEMPLES

Ségolène emménage à Amsterdam.
Elle sait qu'elle va passer la semaine la tête dans les cartons, et courir après l'entreprise de gaz, d'électricité, d'eau, le câble, la télé, Internet…
Elle prévoit déjà d'aller déjeuner dans un petit resto près d'un canal avec une amie le vendredi soir, après sa semaine de déballage et de corvées administratives.

Pendant son déménagement, cette escapade agit comme une étincelle. Elle éprouve du plaisir avant (en pensant à ce futur bon moment) et le jour J, où elle déguste ses pâtes italiennes avec son amie. Puis, dès le lundi, elle se remémore ce bon moment où elle a vraiment profité de chaque minute et ressent une émotion positive.

Isabelle commence un nouveau job après une période de six mois de chômage. Elle est complètement stressée et redoute de ne pas être à la hauteur. Pour tenir cette première semaine de rentrée, elle a déjà prévu un concert avec son amoureux pour le vendredi soir.

En cas de coup dur pendant la semaine, elle songera à ce concert sous les arbres. Penser à cet événement, source de futures émotions positives, lui apportera l'énergie pour garder le cap.

À VOUS DE JOUER

Faites-vous une *Bucket List*. Une liste de choses que vous voudriez faire.

Posez-vous ces questions :

- Qu'est-ce que j'aime faire ?
- De quoi ai-je envie ?
- Qui ai-je envie de voir ?
- Quel endroit est-ce que j'aimerais découvrir ?

Avec toujours l'idée de les planifier dans le temps : cette semaine, dans un mois, un an, cinq ans…

Si vous n'aimez pas les listes, choisissez un bocal et glissez-y des papiers avec vos souhaits. C'est intéressant d'en faire un en famille quand vous déménagez ou que vous arrivez dans un nouveau pays.

Attention ! Il faut que cette liste renvoie à des moments de partage.

Une fois la liste faite, piochez dedans à intervalles réguliers. Et n'hésitez pas à la compléter.

Puis, ponctuez votre trimestre d'« instants étincelles » et savourez les préparatifs. Prenez le temps d'imaginer l'endroit, les couleurs, les saveurs, les sons…

Essayez de planifier dès maintenant, en lisant ce livre, un bon moment, une action à poser.

MA BUCKET LIST

QU'EST-CE QUE J'AIME FAIRE ?	DE QUOI AI-JE ENVIE ?

QUI AI-JE ENVIE DE VOIR ?	QUEL ENDROIT EST-CE QUE J'AIMERAIS DÉCOUVRIR ?

CHAPITRE 6

S'EXERCER À LA GRATITUDE ET CONTRIBUER À UN MONDE MEILLEUR

—

« Voyage avec deux sacs. L'un pour donner, l'autre pour recevoir. »

GOETHE

Quand on traverse une période de doute où on a l'impression de perdre pied, pratiquer la gratitude est plus qu'une bouée de sauvetage. C'est une étincelle quasi magique.

Pensez à un paysage sous un ciel d'orage. Les nuages sont noirs et épais, le vent balaie tout, les feuilles virevoltent, le tonnerre gronde. On a comme une impression de fin du monde. Tout à coup, un rayon de soleil perce les nuages et laisse apparaître un morceau de ciel bleu. Vous voyez le tableau ? Eh bien, c'est exactement ce que provoque la gratitude. Et elle est plus forte que ça : elle permet d'agrandir ce petit coin de ciel bleu au ciel tout entier. Comme si on déchirait les nuages d'un geste de la main.

1. QU'EST-CE QUE LA GRATITUDE ?

« La gratitude est la mère de toutes les vertus. »

CICÉRON

La gratitude, c'est un état d'esprit, un sentiment de reconnaissance et d'affection éprouvé à l'occasion d'un bienfait ou d'un service rendu.

C'est aussi l'une des dix émotions positives (que nous avons vues au chapitre 1), une véritable source de bien-être.

« La gratitude est bénéfique à la confiance en soi, car elle augmente le sentiment d'appartenance », écrit Christophe André. On sait grâce au chapitre sur les relations positives à quel point c'est structurant de se sentir appartenir à un groupe. C'est un de nos besoins fondamentaux.

La gratitude, par ailleurs, nous incite à donner quelque chose en retour.

En période de changement, où les émotions négatives sont plus présentes, on a tendance à voir plus ce qui ne va pas et à déplorer ce qui nous manque. On a tendance à se plaindre (et on aimerait se faire plaindre, n'est-ce pas ?).

Si vous voulez voir le petit bout de ciel bleu sous le nuage menaçant, faites preuve de gratitude. Envers une infirmière bienveillante qui se tient à notre chevet si nous sommes malades, ou une personne au bureau qui nous aide en période de stress, ou simplement une amie qui va prendre du temps pour nous accompagner dans un supermarché japonais et nous montrer à quoi ressemble un paquet de sucre, si on vient d'arriver à Tokyo pour y vivre !

Repensez à toutes les initiatives envers le personnel médical lors de la pandémie de Covid-19, comme les applaudissements d'un pays entier à 20 heures. Les gestes de solidarité ont fleuri partout dans le monde : des usines ont produit du gel hydroalcoolique offert immédiatement aux hôpitaux des alentours, des chocolatiers ont fait don de leurs stocks aux services d'urgence, des *food trucks* ont créé des cagnottes pour offrir des repas au personnel soignant… Ces gestes de gratitude ont permis de tisser des liens et de se sentir utile dans cette période particulière.

Ceux qui cultivent la gratitude amortissent beaucoup mieux le choc d'un passage douloureux ou une épreuve.

EXEMPLE

Anne-Claire vient d'avoir son premier enfant. Elle est submergée d'émotions. Devenir une maman lui fait penser à la dame qui la gardait après l'école quand sa maman rentrait trop tard de son travail, qui s'appelait Alma. Elle a une envie soudaine de l'appeler pour la remercier de s'être si bien occupée d'elle, quand elle était petite, avec tant de joie et de bienveillance.

Elle retrouve ses coordonnées, la contacte. Alma en est extrêmement émue. Elle traverse à ce moment là un passage à vide, elle n'a plus de travail. Anne-Claire, en apprenant ça, lui propose de l'aider à s'occuper de son bébé quand elle reprendra son job. Alma accepte avec joie. Incroyable coïncidence qui est partie d'un geste de gratitude et qui fait qu'Anne-Claire a trouvé la nounou parfaite pour son bébé sans avoir à la chercher !

Faire preuve de gratitude, c'est changer de point de vue. La gratitude aide à voir ce qui va bien, à réaliser tout ce qu'on a déjà. En prendre conscience est un vrai booster d'humeur positive.

Robert Emmons, professeur de psychologie à l'université de Californie, nous explique que la gratitude est bienfaisante quand elle est exprimée en toute conscience. « La gratitude, c'est constater et reconnaître », écrit-il dans son livre *La Gratitude*.

DEUX ÉTAPES PAR LESQUELLES IL FAUT PASSER

1. **La première, c'est la constatation du bien reçu** (matériel ou immatériel). Un événement satisfaisant, qui nous a fait du bien, qui nous a apporté de la joie, du bonheur et qui a demandé un certain effort.
2. **La deuxième étape est la reconnaissance du fait que « la source de ce bienfait est en dehors de soi ».** Cette gratitude vient d'éléments extérieurs : les autres, la nature…

L'étincelle, ici, vous l'aurez compris, c'est d'apprécier et de remercier pour ce que vous avez déjà dans votre vie, plutôt que de remarquer ce qui vous manque.

Dans nos sociétés développées, nous oublions vite que notre vie est confortable (nous avons accès à l'eau, à l'électricité, au gaz, au chauffage, nos supermarchés sont pleins…). Nous considérons que c'est un acquis.

Kookhee, merveilleuse professeur de yoga à Hongkong, finissait toujours sa séance en remerciant d'avoir un toit, de l'eau chaude, de quoi se nourrir et des personnes autour de nous qui nous aiment. On oublie souvent qu'on est déjà gâté quand on parvient à satisfaire les besoins primaires de Maslow (voir chapitre 1).
Kookhee fait partie de ces gens qui ont un parcours de vie très particulier. Coréenne, elle a été adoptée par une famille suédoise. Son enfant unique est trisomique. Elle a accueilli chez elle un nourrisson trisomique avant qu'il trouve une famille d'adoption. Elle s'est séparée de son mari. Elle a une personnalité radieuse et lumineuse et nous a impressionnées par cette gratitude infinie envers la vie.

À VOUS DE JOUER

**Prenez un papier et un crayon et listez dix choses de votre quotidien pour lesquelles vous êtes reconnaissant.
Vous verrez comme ça fait du bien.**

QUELS SONT LES BÉNÉFICES ?

On pourrait écrire un livre entier là-dessus. On va tenter de vous résumer les bienfaits de la gratitude en un paragraphe.

- La gratitude renforce nos relations avec les autres

Dans les relations positives, nous donnons et nous recevons en alternance. C'est comme une boucle.

Dans les liens que vous tissez avec les autres, parsemez vos relations d'actes de gratitude, comme donner du temps, de l'amour, envoyer des pensées.

EXEMPLE

Guénola a recueilli durant plus de vingt ans de beaux textes sur la vie, sur la mort. Elle en a fait un joli PDF qu'elle envoie dès que l'un de ses proches perd quelqu'un. Ces textes aident à faire son deuil, à prendre de la distance. Certains sont puissants, d'autres plus légers. Certains sont pleins d'espoir, d'autres plus sérieux.

Au lieu de les garder juste pour ses amis, un jour, elle les a partagés dans un groupe Facebook de gens de son quartier. Et elle a reçu plus de deux cents messages d'inconnus qui l'ont remerciée chaleureusement d'avoir partagé son trésor. Elle ressent une immense joie de se dire que ce recueil peut aider des personnes dans leur processus de deuil. Même des inconnus.

- La gratitude nous motive pour atteindre nos objectifs

Lorsqu'on reçoit un signe de gratitude, on a encore plus envie de s'investir. Un merci suffit parfois à démultiplier notre énergie.

EXEMPLE

Marceau nous raconte que son patron mettait un petit mot sur le bureau de chacun des membres de l'équipe après la réussite d'un projet, pour les remercier. Cela avait l'effet d'un booster de motivation générale !

À VOUS DE JOUER

Souvenez-vous d'un projet que vous avez porté et des personnes qui vous ont accompagné avec bienveillance et encouragement, ou vous ont remercié de ce que vous avez fait.

Comment vous sentiez-vous ? Votre motivation a-t-elle été démultipliée ?

« Nous sommes si nombreux à nous contenter d'avancer un pied devant l'autre, sans même nous étonner de ce petit miracle matinal. »

MICHEL SERRES, PHILOSOPHE ET HISTORIEN DES SCIENCES

- **La gratitude réduit la tendance au matérialisme et à la comparaison sociale**

Il y a toujours quelqu'un de plus heureux, de plus malheureux, ou dont les enfants paraissent plus calmes que les nôtres, le boulot plus intéressant, le mari plus attentionné, le job mieux payé. On a toujours un copain pour qui tout le groupe a organisé un anniversaire surprise et pas pour nous, etc.

Toutes ces comparaisons rendent malheureux.

Plus on remercie pour ce qu'on a, moins on jalouse les autres. La gratitude nous aide à accepter les choses comme elles sont et à nous sentir bien.

2. QUE SE PASSE-T-IL DANS NOTRE CERVEAU QUAND ON PRATIQUE LA GRATITUDE ?

Un chercheur en neurosciences de l'université de Californie, Alex Korb, a prouvé que la gratitude crée des changements constructifs dans la structure neurologique du cerveau. Avec une spirale positive : plus je pratique la gratitude, plus je suis capable de l'exprimer. Avec le temps, cela développe un sentiment de joie et de motivation puissant.

La gratitude stimule la région du tronc cérébral qui produit la dopamine (plaisir) et la sérotonine (optimisme). Ces deux hormones nourrissent notre sentiment de bonheur.

C'est comme s'il existait un « muscle de la gratitude » dans le cerveau. Un muscle que l'on peut entraîner, développer, renforcer. Plus on fera l'effort de pratiquer et de ressentir la gratitude, plus il sera facile de la déclencher. Avec le temps, cela deviendra naturel.

> Plus je pratique la gratitude, plus je suis capable de l'exprimer.

Et puis vient le moment où l'on commence à constater les changements positifs que cela entraîne et où l'on est encouragé à continuer.

La gratitude, ça peut être un simple message téléphonique pour remercier quelqu'un qui nous a aidé ou un petit mot glissé dans la boîte aux lettres. C'est aussi envoyer une carte postale à quelqu'un qu'on aime. Comme plus personne ne fait ça, cela produit un effet bœuf.

À VOUS DE JOUER

Une façon simple de pratiquer la gratitude, c'est de retrouver nos yeux d'enfant.

Les enfants s'émerveillent si facilement. Un arc-en-ciel qui apparaît comme par magie, une bougie d'anniversaire, l'odeur de bonbons dans une boulangerie les mettent en joie. Ils sont plus connectés aux cinq sens et vivent dans le moment présent.

Essayez pendant une journée de regarder le monde comme un enfant. Observez en conscience, redécouvrez l'odeur du poulet grillé ou des croissants dans la rue, admirez les façades des immeubles, ou le ciel qui se couvre de couleurs. Appréciez le vol d'un papillon, un oiseau qui chante ou qui porte des branches dans son bec pour faire son nid...

Retrouvez des bonheurs simples et soyez reconnaissant !

Vous ne soupçonnez pas la puissance de cet état d'esprit.

À VOUS DE JOUER

Pour vous aider, voici quelques questions que vous pouvez vous poser pour vous aider à faire preuve de gratitude.

- Quelle est la personne qui est toujours là pour moi ?
- Que vois-je de beau autour de moi, là, tout de suite ?
- Quelle est la musique qui me donne des frissons ?
- Quel est le film qui m'a ému ?
- Quelle est mon activité bien-être préférée ?
- Quelle odeur m'apporte le plus d'émotions ?
- Quel est mon lieu de vacances favori ?
  Ou un lieu pour me ressourcer ?
- Quel a été le meilleur moment de la journée ?
- Quel est mon petit plaisir préféré ?
- Avec qui ai-je envie d'être là, maintenant ?
- Est-ce que quelqu'un m'a rendu service récemment ?

3. COMMENT PRATIQUER LA GRATITUDE DANS NOTRE QUOTIDIEN ?

SAVOIR DIRE MERCI

Dire merci à ceux qui vous entourent, qui vous aident, qui vous gâtent et qui vous aiment, voilà votre prochaine mission.

Dites merci en conscience, sérieusement. Pas à la va-vite entre deux portes.

Quand vous dites merci, posez-vous la question de savoir ce qui vous a touché. Ce qui vous a fait du bien. Réalisez ce que vous en avez tiré comme bénéfice.

Le bien reçu n'est pas forcément matériel, cela peut être un soutien moral, ou un moment partagé, calme ou festif !

EXEMPLE

Voici un message que Clothilde a reçu après un simple café pris avec une amie qui sortait petit à petit d'un burn-out :
« Merci d'avoir pris le temps de m'écouter ce matin. J'avais besoin de soutien, je me sentais perdue et tu as trouvé les mots pour me redonner le goût pour aller de l'avant. C'est précieux. »

Quand on reçoit ce genre de message, cela fait tellement de bien qu'on a envie de recommencer.

CINQ PENSÉES POSITIVES PAR JOUR

C'est l'exercice de gratitude par excellence ! Tout le monde en parle, tout le monde le cite. De Seligman à Matthieu Ricard, il a fait le tour de monde et a prouvé mille fois ses bienfaits.

Les études de Robert Emmons, de l'université de Californie, et de Michael McCullough, de l'université de Miami, sont à ce sujet très intéressantes. En 2003, ils publient dans *The Journal of Personality and Social Psychology* une étude intitulée *« Counting blessings versus burdens »* (« Compter les bienfaits plutôt que les fardeaux »).

Ils ont suivi trois groupes d'étudiants. Les premiers devaient noter cinq événements positifs qui leur étaient arrivés la semaine précédente. Le deuxième groupe devait noter cinq échecs, stress ou tracas. On a demandé au troisième groupe de noter cinq événements neutres.
Au bout de quelques semaines, ils ont remarqué que les étudiants qui étaient concentrés sur la gratitude se sentaient 25 % plus optimistes pour leur avenir que les autres. Ce qui est amusant, c'est que ces mêmes étudiants faisaient une heure et demie d'exercice physique par semaine en plus que ceux qui n'avaient noté que leurs échecs et leurs problèmes.

Se concentrer sur le positif dans notre vie nous rend plus confiants, plus sereins et plus motivés pour se mettre en action. Et même plus dynamiques. C'est un cercle vertueux que l'on peut déclencher vraiment facilement.

À VOUS DE JOUER

Le soir, avant de vous coucher, notez cinq choses positives qui se sont passées dans votre journée. Ça peut être un café ou un déjeuner avec un ami, une conversation dans la rue avec quelqu'un, un lever de soleil, un trajet à pied, un échange au bureau, un sourire d'enfant, un contrat signé, un bon tiramisu, une chambre bien rangée. Ce que vous voulez !

Écrivez-les dans un cahier. La pensée seule ne suffit pas pour cet exercice. C'est important de faire le geste de les consigner et de les décrire précisément sur du papier.

Vous verrez, plus vous serez régulier, plus vous vous entraînerez, plus les événements positifs de votre journée vous arriveront facilement. Avec le temps, ce n'est plus cinq mais une dizaine de bons moments que vous noterez.

Pour que ça marche, faites cet exercice quotidiennement pendant au moins trois semaines. C'est le temps nécessaire pour en ressentir tous les bienfaits positifs.

Trois semaines, c'est le temps que le cerveau met à créer de nouvelles connexions, de nouvelles habitudes. Le plus important, c'est de prendre le temps d'écrire ces moments. Pour transformer les pensées en mots. Cet exercice permet d'ancrer les événements positifs et d'avoir un regard plus optimiste sur la vie.

ÉCRIRE UNE LETTRE DE GRATITUDE À QUELQU'UN QUI COMPTE POUR VOUS

Ouh là là ! qu'est-ce que c'est que ça ? Au secours.
Là, on va peut-être vous perdre. Mais on tient bon et on y croit.

Identifiez une personne à qui vous pourrez écrire une lettre de gratitude.

Bizarrement, écrire une lettre pour dire à quelqu'un qu'on lui est reconnaissant, c'est difficile.Mais vous ne pouvez pas savoir l'effet que ça produira sur vous et sur la personne qui recevra la lettre.

Chris Peterson, professeur de psychologie à l'université du Michigan, demande régulièrement à ses étudiants d'écrire une lettre de gratitude à une personne qui a compté dans leur vie. Drôle d'exercice, qui a apporté un véritable bien-être aux auteurs. Et il s'est rendu compte que le bien-être était décuplé si la lettre était lue à voix haute en face de la personne.

À VOUS DE JOUER

On y va, même pas peur.

1. Pensez à une personne qui a compté dans votre vie ou qui a eu un impact positif : un membre de votre famille, un professeur, un ami, votre conjoint.
2. Visualisez cette personne. Remémorez-vous les moments où vous étiez avec elle. Qu'a-t-elle dit ? Qu'a-t-elle fait ? Que vous a-t-elle appris ? Quelle influence a-t-elle eue ? Quels ont été les bénéfices pour vous ?

3. Écrivez-lui une lettre pour la remercier de tout cela. Écrivez avec votre cœur, avec sincérité, générosité. Idéalement avec un papier et un crayon (pas nécessairement un ordinateur : l'émotion passe souvent mieux par le geste de la main qui forme les lettres). Pas de problème, bien sûr, si vous préférez Word ou Pages. Et pas de stress si vous ne « savez pas écrire ». On ne parle pas ici d'une tirade de Cyrano ou d'un poème de Baudelaire. Ce n'est pas le style qui compte, c'est ce que vous ressentez, les mots simples que vous auriez pu prononcer aussi. Mais écrire, c'est beaucoup plus puissant !
4. Une fois la lettre écrite, vous avez le choix. Oserez-vous l'envoyer par la poste pour créer la surprise ? Ou la donner en mains propres ? Vous pouvez aussi la lire devant elle ou lui. C'est encore plus fort. Faites en fonction de ce que vous ressentez ! Écoutez-vous. Promis, juré, craché, vous en ressortirez grandi et confiant et la personne à qui vous écrivez sera profondément émue.

EXEMPLES

Alice a écrit une lettre de gratitude à ses parents pour leur exprimer tout l'amour qu'ils lui ont donné, la confiance en elle qu'elle a pu construire grâce à cela. Elle la leur lit lors d'un voyage en famille. Tout le monde a pleuré (d'émotion) !

Virginie a écrit une lettre à sa tante pour la remercier de s'être occupée d'elle quand elle était petite et que son papa était très malade. Sa tante n'avait pas réalisé, elle ne se remet pas du bienfait de cette lettre et de tous les souvenirs qu'elle revit. La force du lien avec sa nièce a été décuplé.

Sophie a écrit à son mari pour lui dire tout ce qu'elle ne lui dit jamais. Pour une fois, elle lui dit combien elle l'aime, elle le remercie de la vie qu'ils ont, de ce qu'il a réussi à construire pour sa famille, etc. Eux qui souvent s'écharpaient ou ne parlaient que de ce qui n'allait pas (le tube de dentifrice mal rebouché, les ronflements, etc.) se trouvent enfin à parler du fond et à réaliser qu'ils sont plus heureux que ce qu'ils pensaient.

Alors qu'est-ce qu'on fait ?

On multiplie les mercis, les lettres, les petits mots, les discours pour l'anniversaire d'un enfant, pour son anniversaire de mariage… Plus on s'y met et plus on a envie de continuer.

Chacun sait à quel point il est bon et gratifiant de recevoir un merci, alors, on en use et on en abuse avec tous ceux qui nous entourent… et bien sûr avec les enfants ! Dans la vie, on ne dit jamais assez merci.

Souvenez-vous de l'école. À quel point chacune des appréciations sur les bulletins était importante. Celles-ci pouvaient vous donner une vraie énergie ou, au contraire, vous miner.

Ayant élevé nos enfants en partie dans des cultures anglo-saxonnes, nous sommes convaincues du pouvoir de l'encouragement, de la puissance d'un simple « merci » échangé entre un professeur et un élève.

En France, il y a encore un grand pas à faire. C'est de la responsabilité de chacun. Nous aimerions lancer une campagne dans l'Éducation nationale pour un peu plus de bienveillance sur les bulletins des élèves. Et si on ajoutait une ligne en plus dans le bulletin pour dire merci ? Pour donner confiance aux élèves, mais aussi pour les initier à la gratitude.

Ça donnerait :

« Merci pour ta gentillesse et ton attention aux autres. »

« Merci pour ton sourire et ta participation active. »

« Merci pour ton énergie débordante. »

« Merci pour ton humour, pour ta générosité… »

Cela permettrait de valoriser les enfants et de leur donner envie de bien faire. Parfois, les commentaires « résultats satisfaisants » ou « ensemble médiocre » ne sont pas les meilleurs boosters…

4. RETROUVER LA JOIE D'ÊTRE GÉNÉREUX. L'ACTE GRATUIT

Tournez-vous vers les autres, donnez-leur du temps, cela vous rendra plus heureux.

C'est un bon moment – même si c'est contre-intuitif – pour donner du temps aux autres.

- La gratuité donne du sens à notre vie

Regardez toutes les personnes qui ont voué leur existence aux plus démunis. Mère Teresa, pour ne citer qu'elle, a mené une vie pleinement épanouie dans la joie, malgré la dureté de sa mission pour aider les pauvres.

EXEMPLES

Pierre-Louis et Marie-Claude habitent près de Lyon et, chaque année, ils participent à une grande braderie organisée par la mairie. Ils organisent la collecte et le tri des vêtements avec une vingtaine de volontaires. Les vêtements sont vendus à des prix très bas pour les populations des quartiers moins favorisés. Ils nous ont raconté à quel point c'était satisfaisant et gratifiant de voir ces femmes heureuses d'acheter des vêtements de qualité à des prix très bas pour leurs enfants, des ustensiles pour la cuisine, des objets de déco pour leur maison. Ils collectionnent les sourires qui sont leur plus beau cadeau.

Adrien est psychologue. Il a réalisé que certains ados venaient chez lui, en direct, sans que leurs parents soient au courant. Ils faisaient des baby-sittings pour pouvoir payer les 50 euros de la séance. Quand il a compris cela, il leur a proposé des séances gratuites. Mais les ados ont insisté pour payer quand même, même un petit peu. Cela donnait de la valeur à leur engagement. Ils se sont finalement mis d'accord sur un tarif de 10 euros la séance. Et, chaque fois, Adrien sentait qu'il donnait du sens à son métier.

Quoi de plus gratifiant que d'aider des gens en souffrance psychologique, qui n'ont pas forcément les moyens de payer une séance de psy !

On aimerait que *La Technique des étincelles* remette un peu de gratuité et d'altruisme dans nos sociétés !

Connaissez-vous cette fable du vieux philosophe chinois (ou indien, on ne sait pas trop d'où elle vient, mais on l'aime bien) qui visite l'enfer et le paradis ? La voici :

Remettons un peu de gratuité et d'altruisme dans nos sociétés !

« Un vieux penseur chinois fait un songe. Il a accès dans son rêve au paradis et à l'enfer.

Il arrive en enfer et découvre une immense table en bois avec des bols de riz succulents. Tout autour, des hommes et des femmes trépignent, font des grimaces, se tordent de frustration. L'ambiance est électrique. Ils n'ont en effet pas le droit de manger avec les mains et les seuls ustensiles à leur disposition sont d'immenses baguettes d'un mètre de long, qui les empêchent de porter le riz à leur bouche.

Arrivé au paradis, il voit exactement la même table et les mêmes bols de riz succulents. Mais tous les gens rient, discutent gaiement, l'ambiance est joyeuse et festive. Les défunts ont trouvé la clé pour transformer l'enfer en paradis : chacun nourrit l'autre avec ses baguettes d'un mètre de long. »

EXEMPLES

Olivier a perdu son job. C'est un coup dur car il a cinquante-sept ans et a peur de ne jamais retrouver un poste. Il est comptable. Il cherche du travail à fond toute la semaine et donne deux heures le mercredi matin pour aider des start-up à organiser leur comptabilité. Cela lui permet de sortir de chez lui, de rencontrer des gens, de créer des contacts. Mais aussi de ne pas perdre sa confiance en lui, qui se fragilise. C'est finalement comme ça qu'il a retrouvé un travail ! Dans une des start-up qu'il aidait bénévolement.

Marine a eu un grave accident qui l'a clouée au lit pendant six mois. Quand elle a pu marcher à nouveau, elle a eu envie de donner du temps et de l'espoir, pour aider des personnes dans la même situation. Elle anime des groupes de parole une fois par mois, le vendredi soir. Et elle en ressort chaque fois pleine de force, même si c'est dur. Elle sait qu'elle a fait du bien, cela la rend heureuse.

Et si le changement que vous êtes en train de vivre vous permettait de réaliser que l'altruisme est un moteur pour traverser cette période avec plus de sérénité ?

Vous verrez, une fois qu'on a été aidé, on a envie de donner en retour.

À VOUS DE JOUER

Voici un petit challenge ultrabénéfique. Avec un formidable retour sur investissement.

Cette semaine, faites plaisir à quelqu'un de façon anonyme. Ou faites une bonne action, mais sans le dire à personne. Rangez les vélos du parking à vélos bondé de l'immeuble, arrosez une plante dans la rue, déposez une baguette de pain chez votre voisin un dimanche matin.

Vous ne pouvez pas savoir le bien que vous allez procurer, et le bien-être que vous ressentirez.

Être généreux, c'est une des plus grandes vertus.

Et le faire anonymement, c'est encore plus fort.

À VOUS DE JOUER

Pouvez-vous identifier une cause, une association, une activité, dans laquelle vous pouvez vous investir (ou donner de l'argent) ? Réfléchissez, c'est déjà un premier pas. Puis renseignez-vous. Et essayez de vous lancer.

5. SIMPLIFIER SON ESPACE. ÊTRE PLUTÔT QU'AVOIR

Souvenez-vous d'un moment où vous avez déménagé, où vous avez dû faire du tri. Vous avez fait un grand rangement, donné des habits ou des meubles.

Comment vous êtes-vous senti après ?

Vous comprenez la notion d'aller à l'essentiel.

« L'une des clés essentielles d'une "vie bonne" réside donc dans le non-attachement aux objets. »

FRÉDÉRIC LENOIR, SOCIOLOGUE, ÉCRIVAIN ET CONFÉRENCIER

S'ALLÉGER

- **Donner ses vêtements** à une association et se dire qu'au lieu d'être mis une fois par an ils serviront à quelqu'un tous les jours.
- **Acheter moins et mieux.**
- **Ranger**. Regardez le succès planétaire du livre de la Japonaise Marie Kondo, *La Magie du rangement*. Elle a même une émission de télévision aux États-Unis. Elle nous dit simplement de ne garder que ce qui nous est utile et nous « met en joie ». En gros, on peut tous virer la moitié de ce qu'on a chez nous !

EXEMPLE

Carole entame son troisième déménagement en cinq ans, elle a du mal à trier. Elle croule sous les souvenirs, les habits, les ustensiles de cuisine… En rentrant à Lyon, dans un appartement plus petit, elle est obligée de se séparer d'objets. Elle a fait des tris, elle a beaucoup donné. Ces gestes altruistes lui ont fait du bien. Elle s'est sentie allégée, moins écrasée par tous ces objets qui prenaient la poussière !

> « Vivre dans une maison ordonnée influe de manière positive sur les autres aspects de votre vie. »
>
> MARIE KONDO

À VOUS DE JOUER

Ouvrez vos placards et regardez ce que vous pouvez donner (et jeter).

Ne vous mettez pas la pression en rangeant toute votre maison ou votre appartement en une journée. Commencez doucement, pièce par pièce. La cuisine d'abord, puis, la semaine suivante, attaquez-vous à une chambre, plus tard au salon, etc.

SE CRÉER UN COCON AVEC L'ESSENTIEL

- Créer son cocon avec des objets qui ont du sens pour nous, qui nous apportent des émotions positives

Nous aimons toutes les deux voyager. Nous avons eu la chance de vivre dans plusieurs pays sur plusieurs continents. Chaque séjour a fait l'objet de nombreux voyages dans les pays autour. Souvent, nous avons ramené des souvenirs, parfois des objets simples du quotidien qui nous plaisaient par leur forme insolite, ou leur usage propre au pays. Une boîte à thé japonaise, des cuillères à riz en bois, un panier en bambou du Vietnam pour les fruits et les légumes, des boîtes en cèdre du Maroc… Ils nous apportent chaque fois beaucoup de joie, nous rappellent de bons souvenirs. Et, quand on les regarde, ils déclenchent chez nous une émotion positive. Ceux-là, on ne les jettera jamais ! En revanche, la vieille boîte en plastique qui a cramé trois fois au micro-ondes, ou la casserole dont le revêtement en téflon a disparu… allez hop, poubelle !

MA BULLE DE GRATITUDE

Envers moi, envers les autres, envers le monde

Faites un premier exercice, là tout de suite maintenant. Prenez un papier et un crayon et écrivez cent moments heureux de votre vie. Cent, ça vous paraît beaucoup, mais vous verrez que l'exercice en vaut la chandelle.

Creusez-vous la tête et replongez dans vos souvenirs.

Penser à hier peut vous faire du bien aujourd'hui.

Quand on parle de moments heureux, cela signifie tous les instants de votre vie où vous vous êtes senti épanoui, posé, heureux, paisible, excité par la nouveauté ou un challenge, ancré, zen… Ces moments peuvent être des événements ou des sensations. La naissance de votre premier enfant, votre mariage ou l'obtention de votre premier job. Mais ça peut être aussi un pain au chocolat fondant que vous avez mangé avec votre grand-mère, en sortant de l'école un jour où elle est venue vous chercher. C'est aussi le croissant dégusté ce matin même avec une bonne amie, autour d'un café chaud. Ou le sourire de votre voisine. Ne cherchez pas que des souvenirs extraordinaires de montgolfière, d'escalade du mont Blanc ou de voyage à Bora Bora ! Essayez de repenser à des moments où vous étiez bien. Et trouvez-en cent.

POURQUOI ON VOUS FAIT FAIRE ÇA ?

En repensant à toutes ces belles choses et en les identifiant, vous allez les revivre. Vous allez vous sentir bien, vous éprouverez de la gratitude et vous sentirez l'énergie remonter petit à petit.

Quand vous pensez à ces bons moments, n'hésitez pas à vous souvenir des couleurs, des parfums, des sensations : l'odeur de la mer, le rose des fleurs, le bruit des grillons ou des vagues, le crissement de la neige sous un après-ski, le vent dans les voiles du bateau ou dans vos cheveux, le soleil qui brillait et vous réchauffait… Replongez-vous dans ces instants. Littéralement.

Vous verrez, cette liste ne sera ni chronologique ni logique. Vous allez penser à des choses que vous aviez complètement oubliées. Tout cela va vous faire un bien fou.

CHAPITRE 7

ET SI LE CHANGEMENT NOUS PERMETTAIT DE NOUS RÉALISER ?

“ L’extra-
ordinaire
se trouve
sur le chemin
des gens
ordinaires. ”

PAULO COELHO

Le but de notre existence est de nous réaliser, de nous accomplir, de mettre nos valeurs, nos talents, nos passions au profit de nos ambitions et de nos rêves les plus profonds. Nous aspirons tous à cela. Se réaliser, c'est prendre des risques, tâtonner, douter, reculer.

> **« Dans toute chose, il y a une faille. C'est ainsi qu'entre la lumière. »**
>
> LEONARD COHEN, PAROLES DE LA CHANSON *ANTHEM*.

Bonne nouvelle, c'est souvent dans les périodes de changement ou de doute que l'on modifie notre cap, notre direction. On se rapproche de ce qui est vital pour nous. Jung appelle ce phénomène le **processus d'individuation**. On apprend à mieux se connaître et à faire valoir notre individualité, notre unicité. On ose être nous-même et pas forcément ce que les autres veulent que l'on soit.

Par ce processus, nous sommes plus à même de faire confiance à notre intuition et à nos émotions pour guider nos actions. On découvre d'autres facettes de nous-même, on lâche certaines résistances.

On poursuit ce but ultime de retrouver un nouvel équilibre, d'aller vers une vie plus épanouissante. D'être mieux après le changement qu'avant.

1. DONNER DU SENS À NOS ACTIONS

Lorsque nos repères changent, la notion de sens est ébranlée. On était marié, notre vie de couple nous apportait beaucoup de joies et on se retrouve seul. On avait une carrière florissante, un job qu'on aimait et on a dû tout quitter pour suivre son conjoint dans une autre ville ou un autre pays.

> « Celui qui a un “ pourquoi ” peut vivre avec n’importe quel “ comment ”. »
>
> FRIEDRICH NIETZSCHE

Pour redonner du sens à notre vie, on passe souvent par une phase de frustration, de vide, d’angoisse et de doute. Il faut trouver une nouvelle motivation, notre « pourquoi ».

EXEMPLE

Antoine suit sa femme en expatriation à l’autre bout du monde. Celle-ci a reçu une proposition de job très intéressante et il accepte de démissionner pour tenter l’expérience de vivre à l’étranger avec elle. Il lance une start-up qui développe des cours de français en e-learning. Au bout d’un an, sa boîte patine, il n’arrive pas à s’épanouir. Il ressent un énorme vide et est perdu.

Cette période inconfortable lui permet de faire remonter un vieux rêve enfoui, celui de devenir professeur d’histoire-géographie. Il décide finalement de postuler au Lycée français. Il a toujours voulu enseigner, mais il avait pris d’autres chemins après sa licence d’histoire et ne s’était jamais autorisé à changer de voie. Cette instabilité, ce vide qu’il a traversés avec l’échec de sa start-up lui ont permis de se rapprocher de ce qui avait un sens pour lui, l’éducation.

IKIGAI: ALLIER SENS ET PLAISIR

Quand on parle de sens, on entend souvent le mot *ikigai*. C’est un terme japonais qui désigne à la fois la joie de vivre et la raison d’être. Trouver son *ikigai*, c’est un peu donner un sens à ce que l’on fait, avec une notion de plaisir et de sérénité.

La notion de sens associé au plaisir est la voie du bien-être selon Tal Ben-Shahar, enseignant à Harvard et auteur de nombreux livres de psychologie.

Appropriez-vous l'équation du bonheur selon Tal Ben-Shahar :
Sens + Plaisir = Bien-être

Si on arrive à trouver du plaisir dans une activité qui a du sens pour nous (la notion de sens est individuelle bien sûr, nous sommes tous différents), on atteint le maximum de l'épanouissement.

EXEMPLE

Tiphaine a été institutrice pendant quinze ans. Elle s'épanouissait dans son travail et aimait enseigner à des enfants encore petits. Jusqu'au jour où elle traverse une baisse de motivation.

Elle a toujours eu envie d'aider des enfants défavorisés. Et à ce moment de sa vie, une classe « classique » de CE2 ne lui suffisait plus. Elle a trouvé un centre spécialisé dans l'autisme et passe quatre jours par semaine à s'occuper d'enfants autistes de cinq à sept ans. Elle nous raconte à quel point son travail a du sens. Elle se sent utile. Elle prend du plaisir à découvrir leurs sourires le matin quand ils la voient arriver. Même s'il y a beaucoup de moments difficiles, elle se réalise totalement.

LE SENS S'AFFINE TOUTE NOTRE VIE

Mais c'est très personnel : nul ne peut nous le dicter. Chacun aspire à quelque chose de différent. C'est à nous de le trouver en fonction de nos attentes et de nos valeurs. On ne peut pas nous l'imposer.

Et ce n'est pas dans un livre que vous trouverez la solution. C'est à vous de tâtonner, d'expérimenter; petit à petit, cela apparaîtra comme une évidence.

- Le sens, d'ailleurs, peut changer au cours d'une vie

C'est souvent le cas lorsque nous traversons des épreuves et des périodes de doute.

Ces périodes de changement sont souvent des moments où on doit régler notre GPS intérieur. Prendre la direction de quelque chose qui nous ressemble plus, où on se sentira plus épanoui et heureux dans ce que l'on fait.

EXEMPLE

Lorraine travaille dans la publicité. Elle aime le contenu de son job, ses collègues, l'ambiance à la fois décontractée et rigoureuse du bureau. Chaque jour, elle apprend de nouvelles choses. Mais elle a un rythme assez fou. Et souvent, le week-end, elle doit travailler sur des présentations pour les clients.

À la naissance de son troisième enfant, elle est prise d'un gros doute sur ce qu'elle souhaite vraiment. Ses horaires et son rythme effréné commencent à lui peser. Elle sent qu'elle ne passe pas assez de temps avec ses enfants.

Son « sens » a changé. Elle veut être plus présente pour voir ses enfants grandir. Elle a toujours aimé cuisiner et en particulier confectionner de la pâtisserie. Elle n'a jamais eu le temps ni l'occasion de pousser cette passion. Une de ses amies est en train d'ouvrir un salon de thé près de chez elle. Elle décide de passer son CAP pâtisserie, s'éclate en confectionnant des mille-feuilles et des macarons et obtient son diplôme avec brio. Elle se sent dans son élément. Et travaille quatre jours sur cinq avec son amie dans le salon de thé près de chez elle.

- Le sens donne une direction à nos actions

Il nous permet de choisir, de renoncer et de prioriser. Il nous renseigne sur les actions à privilégier, nous guide pour savoir où mettre notre énergie. Pour trouver un équilibre.

À VOUS DE JOUER

1. **Identifiez des moments, cette dernière semaine ou ce dernier mois, où vous vous êtes senti pleinement épanoui. Que faisiez-vous ?**

   Qu'est-ce qui vous apporte du plaisir et du sens à la fois ?

   Cette activité, ou tâche, contribue-t-elle à un but que vous avez dans votre vie ?

2. **Autre exercice – un peu particulier, on l'avoue, mais diablement efficace :**

   Le jour de votre mort, qu'aimeriez-vous qu'on dise de vous ? Qu'aimeriez-vous avoir accompli ? Écrivez-le.

« L'exercice de la raison permet une mise en cohérence de notre vie en fonction des valeurs ou des buts que nous poursuivons. Nous choisissons de satisfaire tel plaisir ou de renoncer à tel autre parce que nous donnons un sens à notre vie, et ce aux deux acceptions du terme : nous lui donnons à la fois une direction et une signification. »

FRÉDÉRIC LENOIR, *DU BONHEUR, UN VOYAGE PHILOSOPHIQUE.*

2. DÉMULTIPLIER SON ÉNERGIE AVEC LE *FLOW*

Le *flow*, c'est ce qui nous permet de nous réaliser pleinement en dépensant moins d'énergie.

Laissez-nous vous présenter la théorie du flux de Mihály Csíkszentmihályi. (Ne vous inquiétez pas, nous non plus, on n'arrive pas à prononcer son nom. Mais notez-le bien, car ce psychologue hongrois est génial.)

Le *flow*, nous explique-t-il, c'est l'expérience gratifiante d'être totalement immergé dans ce que l'on fait, un état dans lequel les pensées et les actions s'enchaînent naturellement avec fluidité.

On est complètement absorbé par notre occupation, c'est comme si on marchait sur l'eau. Nos émotions sont 100 % coordonnées avec notre action. On éprouve un sentiment de joie, voire d'extase pendant l'activité.

Imaginez Mozart à son piano, en train de composer en direct, note par note, le *Requiem* ou *La Flûte enchantée*. Comme s'il était porté, quasiment en état de transe.

Heureusement, le *flow* n'est pas seulement réservé aux Mozart en puissance. Pensez à un passionné de ski qui dévale une piste pleine de poudreuse sous un grand soleil. À un chanteur qui se retrouve sur scène. À l'artisan glacier qui reçoit les fruits de saison et se lance dans la création d'un nouveau parfum. Ou au professeur d'université qui commence à donner un nouveau cours préparé depuis des mois…

Le *flow* peut être partout, pas seulement pour les artistes ou les artisans ! Une vendeuse de vêtements peut prendre un vrai plaisir à trouver la tenue qui mettra en valeur sa cliente.

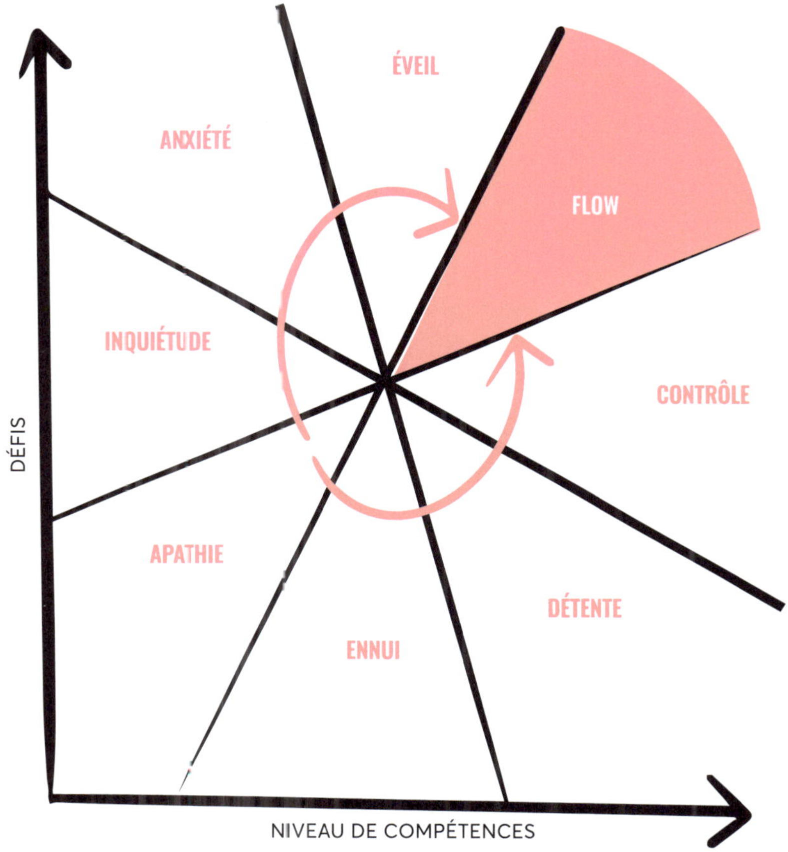

Source : Mihály Csíkszentmihályi. *Finding Flow: The Psychology of Engagement with Everyday Life* (Basic Books, 1998).

EXEMPLE

Un chauffeur Uber nous a raconté qu'il avait travaillé quarante ans dans une banque et que, arrivé à la retraite, il a détesté se retrouver seul chez lui. Lui qui a toujours aimé conduire a donc décidé de travailler quatre heures par jour comme chauffeur Uber et nous a dit qu'il fait plein de rencontres étonnantes. Cela lui permet de sortir de chez lui, de gagner un peu d'argent pour compléter sa retraite. Et maintenant il a envie d'écrire un livre sur tous les personnages hauts en couleur qu'il prend dans sa voiture !

OK, mais comment fait-on pour être dans le *flow* ?

Identifiez ce qui, dans vos activités, ne vous demande aucun effort. Les moments où vous regardez votre montre et où vous n'avez pas vu le temps passer.

Réfléchissez à vos forces, à vos talents. Quand vous les avez identifiés et que vous les utilisez, vous ressentez une énergie sans limite.

Les personnes qui utilisent leurs talents dans leur travail ou dans leur vie personnelle sont souvent les plus engagées, les plus motivées, les plus efficaces. Elles ressentent aussi des émotions positives bien plus souvent.

Soyez conscient de vos talents, et exploitez-les au maximum dans vos activités quotidiennes.

EXEMPLE

Capucine crée des bijoux. Elle assemble des pierres de toutes les couleurs avec des fils d'or. Elle est capable de commencer à 8h30 et ne regarder sa montre qu'à 14h30 sans avoir songé à déjeuner, voire sans même avoir bu un verre d'eau ! Elle est complètement dans le *flow*.

À VOUS DE JOUER

Pour savoir ce qui peut vous plonger dans le *flow*, il faut identifier ce que vous aimez faire. En vous posant des questions simples :

- Dans mon métier, quelles sont les tâches que j'accomplis avec plaisir ? Celles pour lesquelles je procrastine ?
- Quelles sont les activités que je pratique sans voir le temps passer ?
- Qu'est-ce que je me refuse à retirer de mon agenda ? Qu'est-ce qui est vital pour moi ?

3. GOÛTER AUX BIENFAITS DE « L'OPTIMALISME »

Il n'y a rien de plus ennuyeux que la perfection.

Quelle étincelle pour nous qui voulions toujours tout bien faire !

Un bon job avec des responsabilités, des enfants épanouis, un couple équilibré et complice, un chouette appartement bien décoré, des chambres parfaitement rangées, un dîner toujours délicieusement préparé avec des produits bio, sans jamais avoir utilisé un sac en plastique pour faire les courses, etc. On a bien compris que tout ça, c'est impossible.

Dans son livre *L'Apprentissage de l'imperfection*, Tal Ben-Shahar nous a fait découvrir le concept d'« optimalisme ». Le mot n'est pas dans le dictionnaire, mais nous sommes prêtes à signer une pétition pour qu'il le soit !

L'« optimaliste » considère que les émotions négatives, les mauvaises expériences et les échecs font partie de la vie. Au même titre que les succès. Il n'a donc pas peur de se lancer ou d'essayer de nouvelles choses, il sait que c'est normal (et pas si grave) d'échouer. Il profite pleinement de chaque moment de la vie et est beaucoup plus détendu que le perfectionniste.

« La différence essentielle entre le perfectionniste et l'optimaliste est que le premier refuse essentiellement la réalité, tandis que le second l'accepte. »

TAL BEN-SHAHAR

Au lieu de tout faire parfaitement (et de vous épuiser), essayez de faire du mieux que vous pouvez, ce sera déjà bien !

En gros, on fait « au mieux » chaque jour. Il arrive que le frigo soit vide ou les chambres mal rangées. On sait qu'on aurait pu passer trois heures de plus sur une présentation au bureau ou confectionner un album photos souvenirs pour le départ d'un collègue…

On sait aussi qu'on ne peut pas tout faire.

Alors on fait moins et mieux. On accepte nos limites et c'est plus facile. On connaîtra des échecs et des déceptions : c'est normal. Ça fait partie de la vie, de l'expérience, des succès.

EXEMPLE

C'est le cas d'Aliette, qui travaille dans le marketing. Elle accepte de gérer plus de gammes de produits à chaque évaluation avec son boss. Comme elle aime bien faire son boulot, elle va soigner tous les détails et travaille vingt-quatre heures sur vingt-quatre. Elle n'ose pas évoquer son stress, car elle se dit qu'elle est capable de tout gérer, mais arrive un moment où elle est submergée. Et elle explose.

C'est la vie de se tromper, de gérer les incertitudes, d'essayer des solutions, d'échouer, de rebondir et de repartir dans une nouvelle voie.

À VOUS DE JOUER

Y a-t-il des domaines dans lesquels vous êtes perfectionniste ? Des manies que vous avez et qui vous compliquent parfois la vie ? Pensez-vous pouvoir lâcher un peu de lest ?

Et dans quels domaines pensez-vous être optimaliste ?

Quand vous réfléchissez, ne vous sentez-vous pas beaucoup mieux et plus détendu quand vous êtes optimaliste ?

Ce qui compte, c'est le chemin et l'effort plus que la réussite finale.

WABI SABI ET *KINTSUGI* : ACCEPTER SES ERREURS ET SES IMPERFECTIONS

Voilà deux concepts japonais qui marchent ensemble et qui nous aident à devenir optimalistes.

Ayant vécu à Tokyo, l'une de nous se souvient de musées entiers consacrés à des bols difformes et fêlés, tordus ou cassés et réparés, pourtant joliment exposés. Parfaitement mis en valeur, avec des éclairages ciblés, une certaine douceur, et des visiteurs japonais émerveillés devant ces fêlures.

Ces bols sont l'illustration du *wabi sabi* et du *kintsugi*.

Le *wabi sabi*, c'est une philosophie japonaise qui célèbre l'imperfection.

Le *kintsugi* (ou *kintsukuroi*), c'est l'art de réparer les céramiques cassées, en incrustant de l'or dans les fêlures. Pour montrer la force et la beauté des imperfections.

Acceptez les aléas de la vie, l'impermanence des choses et des événements.

Cette philosophie japonaise nous montre que le mauvais existera toujours, mais que nous avons le pouvoir d'en faire quelque chose de beau.

Cela nous apprend la résilience, le lâcher-prise plutôt que le contrôle.

UN ÉCHEC, CE N'EST PAS LA FIN DU MONDE

Et si on valorisait l'erreur comme source d'apprentissage ?

Vous connaissez l'histoire de l'invention du Post-it ? Spencer Silver est chimiste chez 3M. Il découvre accidentellement en 1964 une colle qui ne colle pas. Il voulait à l'origine créer un spray pour les arts graphiques. Son brevet reste non utilisé jusqu'en 1974, date à laquelle deux de ses collègues parviennent à imprégner en continu cette colle sur papier. C'est la naissance du Post-it.
Un succès mondial né d'une erreur.

Quand nous traversons des périodes compliquées, laissons-nous la liberté d'explorer des pistes. Même si ce ne sont pas les bonnes, même si nous nous trompons, nous allons apprendre.

En Norvège, le jeu d'échecs s'est répandu massivement, grâce à Magnus Carlsen, la star du pays, le champion du monde.
À Oslo, il y a des bars avec des jeux d'échecs.
La discipline est enseignée à l'école. Un instituteur norvégien nous a raconté qu'il commence son cours chaque matin avec une situation d'échecs à résoudre. Comme il l'explique, il y a toujours plusieurs solutions : une très bonne, une bonne, une moyenne et une mauvaise. Par moments, on choisit la très bonne. Une autre fois, on part vers la moins bonne et on perd. Ça nous permet d'apprendre de cette erreur et d'essayer de ne plus la reproduire.

C'est pareil dans notre vie, il faut oser même si on échoue, même si c'est dur, même si c'est compliqué.

L'échec fait partie du rebond.

CE QUI SE CACHE DERRIÈRE UN PODIUM

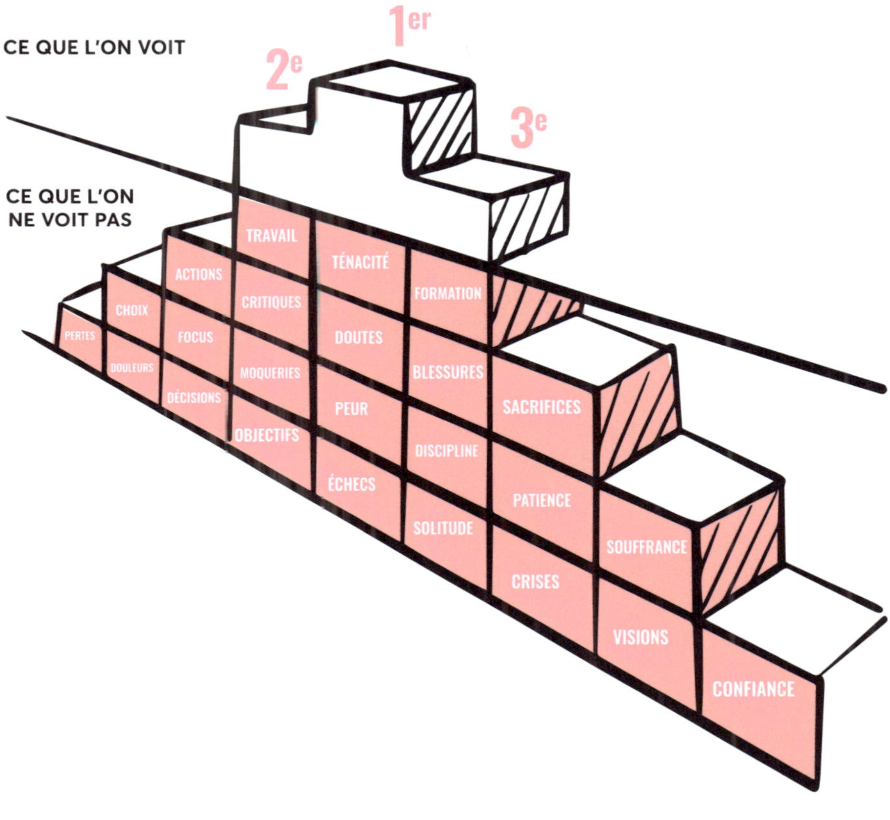

EXEMPLE

Stéphane a ouvert une salle de sport à Paris. Il a bien développé son business mais se retrouve à déposer le bilan, car les relations avec son associé se sont tendues. Ils n'ont malheureusement pas réussi à se mettre d'accord sur le développement de l'entreprise. Stéphane avait passé sept ans à monter et à gérer cet endroit, qu'il aimait beaucoup. Il ressent un sentiment d'échec immense. Dans la période qui suit, il se remet en question et se fait accompagner par une association.

Il décide finalement de gérer un restaurant. Depuis tout petit, il est passionné de cuisine. Cet échec lui a permis de rebondir, d'oser changer de voie et se rapprocher de ce qui l'anime vraiment.

À VOUS DE JOUER

Pensez à un échec que vous avez vécu. Quelles émotions avez-vous ressenties sur le moment ? Quelles ont été vos réactions ? Vos décisions ?

Qu'est-ce que cela a remis en question chez vous ? Qu'avez-vous appris ? Qu'avez-vous changé ? Cela vous a-t-il rendu créatif ? Cela a-t-il eu un effet bénéfique sur votre vie ? Avez-vous pu positiver cet échec ?

4. CONCENTRER SON ÉNERGIE SUR L'ESSENTIEL

« Que la force me soit donnée de supporter ce qui ne peut être changé et le courage de changer ce qui peut l'être, mais aussi la sagesse de distinguer l'un de l'autre. »

MARC AURÈLE

Le fameux « lâcher-prise »… on en entend parler toute la journée !

Dans nos sociétés, où l'on voudrait tout contrôler, il est de plus en plus difficile de faire face à l'imprévu. Or, les périodes de changement et de transition nous y obligent.

La Technique des étincelles va vous donner quelques exemples simples pour vous aider à avancer sur ce long et sinueux chemin du lâcher-prise.

Face à une situation; posez-vous la question : sur quoi ai-je de l'emprise ? Qu'est-ce que je maîtrise vraiment ? Et si vous voyez que vous ne pouvez pas changer les choses, lâchez, pour ne pas vous épuiser. Le lâcher-prise, c'est être conscient de nos limites.

EXEMPLES

Antoinette reçoit toute sa famille l'été pendant quatre jours, en Bretagne. Elle se demande sans arrêt s'il va faire beau. Elle stresse à cause de ça dès le mois de mars.

Le jour où elle a compris que ça ne servait à rien de stresser par anticipation, car, de toute façon, elle n'a aucune prise sur la météo, elle s'est détendue. Et s'est mise à imaginer des expériences ou des moments à partager en cas de forte pluie ou de simple crachin breton.

Tout le monde a passé des vacances beaucoup plus zen !

Vous avez compris, l'idée est de toujours se demander : qu'est-ce que je peux lâcher ? Parce que, dans tous les cas, je ne peux avoir aucune influence là-dessus.

Delphine est correspondante à Londres pour un grand magazine. Elle a raté son avion car elle était tranquillement en train de lire un bon livre dans la salle d'attente et elle n'a pas entendu les annonces.

Au moment où elle s'en aperçoit, elle est évidemment en colère, elle se traite de tous les noms, elle se trouve nulle et pathétique.

La vraie question que Delphine doit se poser : si je remonte avant que l'événement ne se soit produit, est-ce que j'aurais fait différemment ? Non. J'aurais été en train de lire tranquillement et je me sentais bien. Je n'aurais pas changé.

Le vrai lâcher-prise, c'est de se laisser surprendre.
Et se laisser surprendre avec ouverture, optimisme et confiance.

À VOUS DE JOUER

Quand une ou plusieurs situations vous stressent, imaginez que chaque tracas soit un ballon à hélium que vous tenez dans la main. Un ballon par sujet. Puis, posez-vous la question : ai-je une influence sur cette situation ou suis-je passif ?

Si vous n'avez pas d'influence, lâchez le ballon.

Sinon, commencez par mettre un mot sur ce stress. Pour le poser et diminuer son intensité. Puis, demandez-vous : dans cette situation, que peut-il m'arriver de pire ? Que puis-je mettre en place pour gérer ce stress en particulier ? Notez des étapes pour y arriver.

5. OUVRIR LE CHAMP DES POSSIBLES GRÂCE À LA CRÉATIVITÉ

« La créativité, c'est l'intelligence qui s'amuse. »

ALBERT EINSTEIN

BONNE NOUVELLE : NOUS SOMMES TOUS CRÉATIFS

Selon l'*Encyclopædia Universalis* :

« La créativité est définie comme la capacité à réaliser une production (une idée, un objet, une composition, etc.) à la fois nouvelle, originale (c'est-à-dire différente de ce qui existe) et adaptée au contexte et aux contraintes de l'environnement dans lequel la production s'exprime. La capacité à générer des idées créatives est reconnue comme une compétence du XXIe siècle aidant à répondre aux défis de la vie personnelle et professionnelle et favorisant le développement sociétal. »

Quand on parle de créativité, on a toujours l'impression qu'il y a d'un côté « les créatifs » et de l'autre « le reste du monde ». C'est complètement faux. Chacun de nous a un potentiel créatif, chacun de nous a sa propre forme de créativité.

Être créatif, ce n'est pas uniquement bien dessiner ou bien peindre.

Nous faisons tout le temps preuve de créativité pour gérer ce qui nous arrive dans une journée, faire face à un imprévu.

EXEMPLES

Pour Clarisse, l'art culinaire est une façon d'exprimer sa créativité quotidiennement. Tous les soirs, en revenant du bureau, où ses journées sont une course permanente, elle cuisine. Elle invente des recettes avec ce qu'elle a dans le frigo, elle mélange des ingrédients qu'on n'aurait jamais associés. Elle joue avec les épices. Elle est capable de faire un plat digne d'un grand chef avec trois tomates et deux courgettes !

Les artistes n'ont pas le monopole de la créativité.
La créativité, c'est aussi trouver des solutions à des problèmes.

Anne a oublié ses clés. Pour résoudre ce problème, elle a plein de solutions. Elle peut sonner chez les voisins, appeler un serrurier, aller chercher un trousseau au bureau de sa mère, attendre avec un bon livre.

La créativité, c'est notre propension à naviguer avec l'incertitude, à ne pas rechercher la sécurité à tout prix mais à se laisser porter par le courant du doute et à se faire confiance. Elle nous permet de nous adapter.

- La créativité nous aide à rebondir

Dans ces périodes instables, il faut actionner à fond notre créativité. Cette qualité nous permet de rebondir. Elle nous aide à accepter les challenges et à les dépasser. Elle nous apporte la confiance dont nous avons besoin. Être créatif, c'est être capable de faire face aux problèmes quotidiens et aux plus grands défis avec des solutions innovantes.

COMMENT DÉVELOPPER SA CRÉATIVITÉ ?

Steve Jobs nous explique que la créativité, c'est une histoire de connexions, entre les idées, les expériences.

Julie Burstein est écrivain. Dans une conférence TEDx que nous vous conseillons, elle parle de la créativité comme d'un équilibre subtil entre le lâcher-prise et le contrôle.
Elle utilise l'image du raku, un bol japonais en céramique.
Quand les maîtres japonais façonnent ce bol, ils utilisent des pigments. Mais ils ne maîtrisent pas la façon dont les couleurs et les formes vont ressortir. Et c'est ce qui fait la beauté de cet art. Le contrôle, avec la maîtrise de la technique, et le lâcher-prise, avec l'acceptation du hasard de la pigmentation.

Imaginez que vous êtes à la montagne, en été. Il fait un temps magnifique et vous vous baladez tranquillement avec votre chien. Parfois, quand vous prenez un sentier étroit et escarpé, vous le tenez en laisse proche de vous, bien serré, pour lui éviter de tomber dans le ravin. Vous avez besoin d'être dans le contrôle, concentré et efficace.

En haut du chemin s'étend une immense plaine. Là, vous donnez du mou, voire vous lâchez complètement la laisse pour que le chien puisse courir partout, découvrir le lieu, sentir la terre.

La créativité se développe dans l'alternance de périodes de contrôle et de lâcher-prise.

« La créativité,
c'est seulement mettre
les choses en connexion.
Quand vous demandez
à des gens créatifs comment
ils ont fait telle ou telle chose,
ils se sentent un peu coupables
parce qu'ils n'ont pas vraiment
fait quelque chose,
ils ont juste vu quelque chose.
Ça leur a semblé évident
après-coup. C'est parce qu'ils
ont été capables de connecter
des expériences
et de les synthétiser
sous une nouvelle forme. »

STEVE JOBS

QUELQUES CLÉS POUR TRAVAILLER SA CRÉATIVITÉ

- Le multitâche favorise naturellement les liens entre les différents sujets

Par exemple, on traite une question, une vision nous inspire et on trouve la solution à un problème qu'on rencontrait dans un autre domaine. Parfois, ça arrive comme une illumination tombée du ciel. On se demande comment c'est possible.

Mais c'est justement dans les moments où l'on pense à autre chose qu'on fait des ponts et que les idées viennent.

Travaillez sur plusieurs projets en parallèle.

EXEMPLE

Elsa bloque sur un problème au bureau. Pendant le déjeuner, elle décide de sortir et tombe dans la rue sur une publicité pour le Brésil. Elle pense immédiatement à un collègue brésilien qui ne travaille pas directement avec elle. Elle a comme un flash, car c'est lui qui va pouvoir l'aider à trouver une solution.

- Poser plein de questions quitte à passer pour un néophyte (voire un idiot !). Oser aller vers l'inconnu sans se censurer et sans peur du ridicule

N'oubliez pas que les gens adorent raconter leur histoire. Jouez les candides, c'est ça, la vraie intelligence. Apprenez à écouter les autres et à vous en inspirer. Rester curieux et ouvert à l'expérience, voilà la clé pour développer sa créativité.

EXEMPLE

Florence vient d'être élue maire adjointe de sa ville. C'est nouveau pour elle. Elle doit apprendre les rouages, trouver des solutions à des problèmes, inventer de nouvelles choses. Elle ose poser des tas de questions, même les plus simples. Elle se met en ouverture, récolte des infos, comprend les différents métiers. C'est une façon de développer sa créativité pour pouvoir ensuite proposer des idées neuves.

- Persister et persévérer malgré les échecs

« Cent fois sur le métier remettez votre ouvrage », nous disait Boileau. La persévérance paie. Vous connaissez la fameuse histoire de J. K. Rowling, qui s'est vu refuser par tous les éditeurs son premier manuscrit de *Harry Potter*. Continuez de creuser même si vous ne trouvez pas de solution à votre problème. Ne lâchez pas.

EXEMPLE

Anne se lance dans la sculpture après avoir travaillé longtemps dans le marketing. Il est intéressant de voir par quoi elle est passée avant de réaliser sa première sculpture qui connaîtra un grand succès. Elle a suivi des centaines d'heures de cours pour apprendre différentes techniques et matériaux. Elle a commencé par la soudure, c'était son idée au départ. Mais elle n'était pas satisfaite du résultat. Elle a ensuite essayé le plâtre, le bronze, le bois. Elle a même travaillé dans une fonderie. Elle a persévéré jusqu'à trouver l'Idée avec un grand I.

- Le manque, l'anxiété ou le stress peuvent booster la créativité

Quand on est dans une situation compliquée, qu'on a perdu quelqu'un ou quelque chose, l'envie de s'en sortir, de trouver des solutions poussent à être créatif. On est prêt à tout, on ose plus.

EXEMPLE

Un animateur radio célèbre racontait que quand il était jeune il habitait dans un immeuble HLM et ne partait jamais en vacances. Il passait sa journée à écouter la radio dans sa chambre, en se disant qu'un jour il serait animateur radio. Il souligne que c'est l'ennui et le manque qui lui ont donné la force et l'envie d'aller proposer l'idée d'un programme pour jeunes sur les ondes FM, qui fut l'un des cartons des années 1990.

- Alterner la pensée divergente et la pensée convergente

On commence par générer le maximum d'idées sans se censurer. Puis on fait le tri, comme si on passait les idées dans un entonnoir.

Dans la créativité, il y a toujours une première phase divergente : on produit des dizaines d'idées sans se brider, on ose des idées folles, originales ou irréalisables. **Vient ensuite la phase convergente** où on écrème et on ne retient que le meilleur.

EXEMPLE

Philippe souhaite changer de job. Il commence par lister tous les métiers qui lui plaisent sans se censurer (ferme en permaculture, agence de voyages, restauration, entrepreneur, prof...).

Il explore toutes les pistes possibles, se documente, rencontre des experts dans ces métiers. Puis il filtre.

À VOUS DE JOUER

Nommez un challenge auquel vous allez faire face (petit ou grand). Prenez une grande feuille de papier. Notez toutes les idées, en vrac, sans censure, sans peur du ridicule. Découpez des photos dans les magazines, des publicités, si cela vous aide. Allez chercher des citations inspirantes, ouvrez le champ des possibles.

Puis sélectionnez les dix meilleures idées.

Laissez reposer.

Gardez les trois meilleures. Souvent la solution se trouve parmi ces idées.

QUELQUES OUTILS À ADOPTER…

- Les cartes mentales

Le livre de référence sur le sujet est celui de Tony Buzan, *How to Mind Map (Mind Map. Dessine-moi l'intelligence).*

Quelles sont les étapes pour faire une *mind map* ?

Nous préférons les versions papier des cartes mentales, où c'est vous qui écrivez. Il existe des logiciels pour créer des cartes mentales sur ordinateur, mais on aime retrouver le goût de l'écriture, des couleurs, des dessins.

1. Prenez une grande feuille blanche, à utiliser en format paysage, et des crayons de toutes les couleurs.
2. Choisissez une image ou une question, un problème que vous voulez résoudre. Placez-le au centre de la feuille.
3. Dessinez des ramifications qui partent du centre, en choisissant une couleur par branche. Utilisez des mots, des images, des Post-it ou des dessins pour exprimer votre pensée.
4. Travaillez chaque ramification dans la même couleur et dessinez d'autres ramifications pour chaque point jusqu'à ce que vous ayez épuisé les idées.

Les cartes mentales sont **une autre façon de réfléchir**, de faire des liens. Elles arrivent peu à peu dans l'éducation, dans le monde de l'entreprise et dans la vie de tous les jours.

Selon Tony Buzan, la carte mentale stimule les deux côtés du cerveau : le droit pour l'imagination et le gauche pour la logique. Elle nous permet de faire des liens entre les sujets, de comprendre plus rapidement une situation. Par la vision d'ensemble et le fait que tout tienne sur une page, elle pousse à l'action plus rapidement. On peut y revenir autant de fois que l'on souhaite, car une carte mentale évolue dans le temps.

Faites des cartes mentales quand vous avez un problème à résoudre.

À VOUS DE JOUER

Construisez une carte mentale sur ce que vous voulez. Votre bucket list (liste de choses à faire) de cette année, vos résolutions, vos objectifs ou toute autre question que vous pourriez avoir.

Suivez les étapes en prenant votre temps. Mettez vos sens en éveil et laissez venir les idées sans les censurer.

Posez-vous les questions :

- Qui ? Quoi ? Où ? Comment ?
- Qu'est-ce que j'aimerais réaliser personnellement ?
- Professionnellement ? Quelles activités ? Quels temps libres ?
- Qu'est-ce que je fais déjà et qu'est-ce que j'aimerais faire en plus ?

« On peut comparer le monde à un bloc de cristal aux facettes innombrables. Selon sa structure et sa position, chacun de nous voit certaines facettes. Tout ce qui peut nous passionner, c'est de découvrir un nouveau tranchant, un nouvel espace. »

GIACOMETTI

- Adopter le *Beginner's mind* (« l'esprit du débutant »)

C'est le fameux *Try Something New* que l'on voit partout aux États-Unis. Les Américains ont même inventé le *Try something new for 30 Days Challenge*. Les Texans se mettent au vélo pendant trente jours, les programmes de *30 days yoga* pullulent. Ça marche aussi pour arrêter le sucre ou l'alcool pendant trente jours. De plus en plus de New-Yorkais se mettent au *Dry January*, durant lequel ils ne boivent pas une goutte d'alcool. Cela développe d'ailleurs une créativité incroyable à New York en matière de cocktails sans alcool…

Il existe toutes sortes de challenges. Tous les mois de novembre, par exemple, des dizaines de milliers d'Américains se lancent dans le *National Novel Writing Month*. Le défi est d'écrire un roman de 50000 mots en trente jours. Soit 1667 mots par jour. Et interdit d'aller se coucher si on n'a pas rempli sa mission. Et le meilleur dans tout ça, c'est que tout le monde se fiche de savoir si le roman est bon à la fin. C'est le chemin et l'exercice qui comptent.

Tester quelque chose de nouveau, donc.
Si on adoptait cet état d'esprit ?

Vous allez au travail à pied et vous prenez toujours le même chemin. Essayez pour une fois un chemin différent. Ces moments sont souvent riches en découvertes.

Il y a mille façons d'adopter le *Beginner's mind*. En changeant le quotidien et en bouleversant nos habitudes. Par exemple, on peut commander un plat différent dans un resto indien, s'arrêter à une station de métro inconnue, faire ses courses dans un autre quartier.

On peut aussi entrer dans le monde des autres. Essayez par exemple le jeu vidéo de vos enfants, vous serez surpris. Comprendre le moteur des autres permet de mieux identifier le sien.

À VOUS DE JOUER

Effectuez dix microchangements cette semaine. Listez dix petites choses que vous pouvez modifier facilement, lancez-vous dans l'expérience et laissez-vous surprendre.

Buvez votre café dans un endroit que vous ne connaissez pas, prenez votre douche moins longtemps, achetez une autre sorte de baguette à la boulangerie. Si vous vivez en couple, changez de côté du lit, pour dormir à la place de votre conjoint…

Ces petits gestes anodins mettent votre cerveau en action. Ils vous plongent dans un état d'esprit ouvert, positif et curieux. Ils développent votre intuition et votre créativité.

Ces microchangements que vous créerez sont des outils puissants pour traverser les périodes de changement.

COMPRENDRE LES BIENFAITS DES MICROCHANGEMENTS

Pourquoi est-il plus facile de faire des microchangements ?

Essayons d'expliquer – très simplement ici – comment fonctionne notre cerveau.

Il crée des connexions neuronales, en fonction de la répétition d'actions et de situations. Ce sont comme des cartes mentales qui lui permettent de fonctionner en pilote automatique, pour économiser de l'énergie et ne pas trop se fatiguer. Oui, le cerveau s'économise.

Dès qu'un changement advient, il a tendance à résister. En particulier si on veut changer beaucoup de choses d'un seul coup.

Les microchangements sont beaucoup plus facilement acceptés par notre cerveau. Donc, beaucoup plus faciles à mettre en place.

- Apprendre quelque chose de nouveau

En parallèle de ces petits changements, nous pouvons aussi décider d'apprendre quelque chose de nouveau. Comme Laure se mettant au chant à cinquante ans, Jean se formant à la permaculture, Étienne suivant un cours en ligne sur PhotoShop, Andrea commençant la sophrologie. Des exemples, nous en avons des centaines…

EXEMPLES

Éric débute la guitare à quarante-six ans, après deux décès qui l'ont ébranlé. Il s'inscrit à un cours le lundi soir. Cette routine lui fait un bien fou et il est surpris de voir à quel point il progresse rapidement. Il n'aurait jamais imaginé qu'on puisse apprendre à jouer d'un instrument après quarante ans.

Nous avons rencontré une femme politicienne très active de soixante-quinze ans qui s'est mise à l'espagnol au moment de sa retraite alors qu'elle n'a pas l'intention d'habiter en Espagne.

Il n'y a pas d'âge pour la découverte. Apprendre quelque chose de nouveau développe des connexions neuronales et permet d'aborder le changement avec souplesse et ouverture.

En entreprise en particulier, on a toujours besoin d'apprendre pour rester adapté au monde qui bouge. Demandez des formations : c'est une vraie source de motivation.

À VOUS DE JOUER

Identifiez trois choses que vous aimeriez apprendre. Le piano ? L'anglais ? Dessiner ? Cuisiner ? Jouer à la belote ? Chanter ?...

Demandez-vous comment vous pouvez commencer. Renseignez-vous sur les lieux, les cours éventuels, en ligne ou pas, les professeurs... Demandez à votre entourage.

Par laquelle souhaitez-vous commencer ?

- Écrire

Écrire est un bon moyen de développer sa créativité. Pas la peine d'être un Prix Goncourt pour se lancer. C'est le geste qui compte, le moment passé, l'exercice. Vous pouvez tenir un journal, écrire une histoire pour quelqu'un ou inventer un conte.

Adoptez une des habitudes de certains grands créatifs. Écrire au réveil tout ce qui leur passe par la tête. Souvent, cela n'a ni queue ni tête, mais ce n'est pas le but de cet exercice. Il s'agit de coucher sur papier des idées qui s'enchaînent sans être forcément liées entre elle. Ça libère.

À VOUS DE JOUER

Achetez un joli cahier, prenez un crayon que vous aimez et essayez d'écrire quelques lignes le matin au réveil (ou le soir au coucher). Vous pouvez écrire en automatique ce qui vous passe par la tête pendant dix minutes. C'est aussi un bon moyen de lâcher prise. Essayez, vous serez surpris.

Plus vous écrirez, plus cela sera facile, plus vous vous laisserez aller, et les idées viendront toutes seules.

6. SE FIXER DES OBJECTIFS POUR SOUTENIR NOS EFFORTS

« Le plus grand danger pour la plupart d'entre nous n'est pas que notre but soit trop élevé et que nous le manquions, mais qu'il soit trop bas et que nous l'atteignions. »

MICHEL ANGE

Quand on veut changer, on a souvent tendance à vouloir tout changer radicalement, d'un seul coup. Grave erreur.

Si on met la barre trop haut, on est vite découragé. Et, du coup, on ne fait rien.

On a tous besoin de challenges pour se réaliser.

Nous avons tous des rêves et des envies.

Souvent, dans les périodes tumultueuses, de vieux rêves enfouis réapparaissent. C'est le moment de chercher à les réaliser. Il faut oser prendre des risques, se fixer des objectifs importants et sortir de sa zone de confort. Cela nous donne de l'énergie, mobilise nos forces vers un but motivant et épanouissant.

Avoir un objectif vous fait avancer. Ça vous donne une raison de vous lever le matin. Et, une fois l'objectif atteint, c'est une source de satisfaction immense et de plénitude, qui démultiplie votre confiance en vous.

QU'EST-CE QU'UN BON OBJECTIF ?

1. **Un bon objectif doit être personnel**. Il dépend principalement de vous. Quand vous le définissez, vérifiez bien que cet objectif ne soit pas celui que quelqu'un d'autre veut pour vous.

   Posez-vous les questions :

   Pourquoi est-ce que je veux faire ça ? Est-ce bien moi qui le veux (et pas mes parents, ma femme, mon mari, la pression sociale…) ? En quoi est-ce bon pour moi ? Qu'est-ce que j'y gagne, à la fin ? Qu'est-ce que je risque de perdre ? Est-ce important pour moi ?

2. **Il doit être spécifique**. Un bon objectif est simple et clair. Quand vous le formulez, soyez précis et factuel. Concentrez-vous sur une seule idée. Ne dites pas : « Je veux déménager, perdre des kilos et trouver quelqu'un dans ma vie. » Ne soyez pas non plus trop flou. « Je veux créer une boîte », c'est vague.

3. **Votre objectif doit être mesurable**. Avec des indicateurs spécifiques de réussite. Vous pourrez ainsi suivre votre progression. Veillez à ce qu'il soit **quantifiable et temporel**. Avec une date de fin.

4. **Un bon objectif est réaliste, acceptable et atteignable**. C'est bien de se fixer des objectifs ambitieux, mais il ne faut pas mettre la barre trop haut non plus. Sinon, vous risquez le phénomène de « refus d'obstacle ». Votre objectif doit correspondre à vos valeurs, être aligné avec vos envies, coller à votre personnalité.

Une fois que vous l'avez défini, passez un contrat avec vous-même. Quasiment par écrit. Avec des termes simples et complets. N'oubliez pas de vous fixer une date de fin. Cela vous servira de fil rouge tout au long de votre parcours. Vous ne le perdrez pas de vue et il vous sera plus difficile de l'ignorer…

À VOUS DE JOUER

Reprenez la roue de la vie de la page 40 et notez un objectif (en cochant les points vus en page 193).

Vous pouvez aussi le faire sous forme de carte mentale.

Dans tous les cas, posez-vous pour réfléchir à ce que vous avez déjà comme objectif ou ce que vous aimeriez atteindre.

C'est un art de bien définir son objectif. Cela vaut le coup de prendre le temps de bien le décrire.

KAIZEN: L'ART DES PETITS PAS

Un objectif, par moments, ça peut ressembler à l'ascension de l'Everest. Si vous le décomposez en petits objectifs, il vous paraîtra tout de suite moins insurmontable. C'est le *kaizen*, la technique japonaise de l'art des petits pas.

EXEMPLE

Thomas Pesquet a mis plusieurs années pour réaliser son projet de partir sur l'ISS (Station spatiale internationale). Six ans d'entraînements drastiques, de sacrifices, de stress, de déceptions, d'espoirs, de succès et d'échecs. Une discipline de vie héroïque. L'objectif qu'il s'était fixé était tellement lourd qu'il lui a fallu le décomposer en milliers de petits objectifs. Dans son cas, les étapes étaient particulièrement difficiles à franchir, mais atteignables quand on est motivé (et particulièrement talentueux) comme lui.

- Comment décomposer un objectif ?

1. Prendre l'objectif principal.
2. Définir toutes les étapes pour l'atteindre (même les toutes petites).
3. Prioriser.
4. Fixer les premières actions à mener.

Un peu comme si vous deviez courir un marathon. Vous commencerez par cinq minutes de course par jour, puis dix, puis vingt. Puis vous suivrez une technique et un planning précis, avec un nombre de minutes et de kilomètres à parcourir par jour et par semaine en fonction de vos capacités et de votre expérience.

À VOUS DE JOUER

Définissez un projet qui vous tient à cœur.

Puis, tous les jours, posez-vous la question de savoir ce que vous pouvez entreprendre pour le faire avancer. Même **une toute petite action**. Un petit pas pour avancer vers l'objectif. Et le soir repensez à cette action en la visualisant. Pour bien ancrer le processus. C'est hyper motivant.

Parfois, vous aurez l'impression de reculer, de faire un pas en arrière. Pas de stress. C'est normal. Cela fait partie du chemin. Vous avez aussi le droit d'ajuster, de redéfinir ou de préciser votre objectif.

Vous pouvez aussi tenir un journal (c'est rassurant et encourageant pour certains).

EXEMPLE

Amélie est commerciale depuis dix-sept ans. Elle trouve qu'elle a fait le tour de son job et ses horaires lourds lui pèsent. Pas facile d'avoir une vie personnelle avec un rythme comme le sien. Elle décide de changer de travail. Elle se fixe comme objectif de trouver une entreprise moins compétitive et de sortir de la vente pour travailler dans la communication. Elle se donne six mois. Comme ses semaines sont très chargées, elle se bloque des créneaux pour mener à bien son projet. Elle choisit le samedi matin et le dimanche soir. Elle peaufine son CV, actualise son profil LinkedIn. Elle identifie les sociétés qui répondent à ses critères.

Elle contacte les bonnes personnes et réussit à avoir des rendez-vous pour parler de son projet. Au bout de cinq mois, elle décroche un job dans un service marketing-communication.

Il existe une marque américaine de tenues de yoga dont la baseline est *« fake it till you make it »* (« faites semblant, jusqu'à ce que vous le fassiez en vrai »). Qui prône le fait de s'habiller en tenue de yoga même si on ne pratique pas ! La marque propose même de commencer en prenant un café avec des amies, en tenue de yoga. Puis la semaine suivante, on enfile sa tenue le matin et on fait deux, trois étirements. Et on se change pour aller travailler. Plus tard, on teste un cours. Et on y prend goût. Petit à petit, on se rend compte qu'on s'y est vraiment mis. *Fake it, till you make it !* Le *kaizen* en puissance.

Décomposez, agissez et surtout, à chaque étape, si petite soit-elle, savourez. Félicitez-vous. Vous êtes votre meilleur soutien !

7. CÉLÉBRER TOUS SES SUCCÈS, MÊME LES PLUS PETITS

« On ne fait jamais attention à ce qui a été fait ; on ne voit que ce qui reste à faire. »

MARIE CURIE

Nous avons tous des succès (plus ou moins grands) qui jalonnent notre parcours. Un projet de longue haleine qui voit le jour, une nouvelle installation loin de sa ville d'origine, un équilibre à reconstruire quand on s'est séparé… et soudain la vie reprend son cours sans que nous nous soyons arrêté sur cet instant de grâce !

Prenez le temps de célébrer tous vos succès, même les plus petits. Ces moments de fête vous donnent un coup de starter et vous boostent pour continuer d'avancer.

À VOUS DE JOUER

N'attendez pas d'avoir signé le contrat du siècle pour célébrer. Faites-le tout le temps ! Vous avez eu une bonne idée, qui a résolu un problème sur lequel vous bloquiez ? Vous réussissez à jouer un premier morceau de piano ? Ou vous avez réussi à commander un repas au téléphone dans une nouvelle langue ? Félicitez-vous ! Et marquez le coup en faisant quelque chose que vous aimez.

LE CIRCUIT DE LA RÉCOMPENSE

Souvent, dès qu'une première étape est passée, nous pensons déjà à la suivante. Sans nous poser ni nous retourner.

EXEMPLE

Frédéric rentre de Londres. Il installe le bureau d'une association à Paris. Il a une *to do list* longue comme le bras. Il fait face à de nombreux imprévus. Se heurte à des murs administratifs. Dès qu'il franchit un palier, il passe directement au suivant, en enchaînant sans cesse, sans jamais se poser. Il s'épuise, manque d'énergie, se décourage, se sent nul alors que le chemin parcouru est magnifique !

Quand on fait une ascension en montagne ou une randonnée, on se fixe des points d'étape, des pauses. C'est nécessaire si on veut arriver en forme au sommet. On marche deux heures, on s'arrête une demi-heure, on prend un snack pour faire le plein d'énergie, comme une récompense. Puis on repart revigoré. On se remet en chemin avec en tête la pause suivante, etc. Personne n'aurait l'idée (à part les sportifs de *fast track*, mais c'est une autre histoire) d'atteindre le sommet sans s'arrêter une seule fois.

Dans une régate, lorsque les marins passent une bouée, ils ont atteint un premier objectif. Ils ressentent toujours un petit moment de détente et de satisfaction d'avoir bien géré le passage de la bouée. Cette petite pause, ce plaisir éprouvé leur donne l'énergie pour filer vers la suivante.

Quand on atteint un objectif, même petit, nous sécrétons de la dopamine, une des hormones du bien-être dont nous avons déjà parlé. Le plaisir ressenti, créé par cette dopamine, nous encourage à poursuivre nos autres objectifs. Il démultiplie notre motivation, nous donne envie de relever d'autres défis.

En bref, plus on s'attache à fêter chaque petite étape, à ressentir le plaisir du challenge accompli, plus on aura d'énergie pour l'étape suivante. Comme une boule de flipper. Elle s'élance avec un coup de starter puissant, puis se fatigue et, dès qu'elle touche un bumper (les champignons ronds), elle reprend de l'énergie.

À VOUS DE JOUER

Notez dix idées pour fêter un futur succès. Comme une liste de récompenses dans laquelle vous pourrez piocher quand vous aurez franchi une étape. Un bon resto en famille ? Un café avec des amis ? Un grand bain avec des bougies autour ? Un cours de salsa ?...

Nous avons par exemple célébré nos petits succès tout au long de l'écriture de ce livre. Écrire à distance (Vanessa à Paris, Nadège à New York) a été un vrai challenge.

Nous sommes passées par des hauts et des bas, bien évidemment. Mais nous avons toujours célébré, dès que nous franchissions une étape, même avec les six mille kilomètres qui nous séparaient.

Là, par exemple, juste après avoir rédigé cette dernière page, nous nous sommes parlé sur Skype, en vidéo. Vanessa a avalé un Mont-Blanc en direct, et Nadège un Chocolate Chunk Cookie, le tout avec cette bande son, en toile de fond :

CÉ-LÉ-BREZ !

MA BULLE D'ÉTINCELLES

Reprenez maintenant le livre et lisez uniquement les étincelles.

Notez celles qui vous ont plu ou qui vous ont apporté quelque chose. Ou celles qui vous ont inspiré.

Puis essayez de mettre en place des petites actions, de créer de nouveaux rituels.

Lancez-vous, allez-y, osez.

Et, surtout, comment allez-vous fêter ça ?

MES ÉTINCELLES PRÉFÉRÉES

MES ÉTINCELLES PRÉFÉRÉES

CONCLUSION

“ Mon instrument
n’était plus le noir,
mais cette lumière
secrète venue
du noir.”

PIERRE SOULAGES

Ce livre commence par un oiseau, il finit par un arbre.

Au bout du compte, il ne faut pas chercher très loin pour trouver de l'inspiration, pour tenir bon dans le changement. Il suffit d'observer la nature.

Le PIAF est un laboratoire de recherche créé par une université à Clermont-Ferrand en collaboration avec l'INRA (Institut national de recherche agronomique). Derrière cet acronyme qui nous fait forcément sourire, il y a une UMR (Unité mixte de recherche) très sérieuse de Physique et physiologie intégratives de l'arbre en environnement fluctuant. L'idée, c'est de faire collaborer des chercheurs dans des disciplines différentes mais complémentaires autour d'un même sujet : l'arbre.

Ces chercheurs qu'on prenait il y a dix ans pour de doux dingues ont fait des découvertes incroyables, très inspirantes pour nous.

Une expérience nous a particulièrement intéressées.

Prenez un jeune peuplier de quatre mois. Envoyez-lui toutes les trente secondes de petits jets d'air puissants qui simulent le vent. Quand on voit l'arbre recevoir ces souffles d'air, on dirait presque qu'il sursaute.

Prolongez l'expérience pendant plusieurs semaines.

Vous verrez que le peuplier s'est adapté aux conditions de vent. Il a changé sa façon de croître. En hauteur et en diamètre. Ses branches et ses feuilles sont moins hautes et il est plus trapu.

Il s'est ancré davantage dans le sol.

On a appris que l'arbre possède un sens qui correspondrait au sens du toucher chez les humains.

Et qu'il est capable de s'adapter.

Quelques semaines plus tard seulement, son tronc s'est épaissi, ses branches se sont renforcées, ses racines sont plus profondes dans la terre. Il est mieux armé que son clone resté à l'abri du vent.

Si on laisse ces deux peupliers dans un couloir de vent, celui qui a reçu les impulsions d'air résiste alors que les branches de l'autre se cassent plus vite.

L'arbre perçoit, analyse, calcule et s'adapte.

Alors, si on s'inspirait aussi des arbres pour positiver ces changements et transitions que nous avons à vivre ?

Si ces moments sont souvent source de tensions, de doute, voire d'anxiété, ils nous permettent aussi de nous adapter, de développer de nouveaux talents, des compétences que nous ne soupçonnions pas, d'explorer de nouvelles pistes, de rebondir !

Nous vous souhaitons à tous cette sérendipité, cette faculté de s'ouvrir à l'inconnu avec confiance et sérénité en le parsemant des étincelles de ce livre.

« Le plus important, ce sont les petits soleils. Les petits soleils de chaque jour. Un sourire, un mot d'encouragement, un échange, un petit plaisir ou un grand, tout ce qui nous rend heureux, joyeux, vivants. Tous les petits soleils qui illuminent nos journées à côté desquels il ne faut surtout pas passer. »

JACQUES BREL

MERCI(S)

La liste est longue, alors on va faire court.

MERCI à nos maris et nos enfants bien sûr, que nous aimons tendrement et sans qui nous n'aurions jamais vécu toutes ces expériences.

MERCI à nos familles (nombreuses) et nos amis proches qui sont toujours là dans les hauts et les bas.

MERCI à Clarisse Cohen, notre éditrice, pour son professionnalisme, son énergie à déplacer les montagnes, et sa complicité infaillible.

MERCI à Laure Aline et à Jeanne Castoriano des éditions de La Martinière, d'avoir cru à notre projet et d'avoir partagé l'aventure avec enthousiasme.

MERCI à Édouard Bonnefoy, pour son graphisme plein de peps.

MERCI à toutes ces personnes que nous avons croisées en France et ailleurs. Leurs histoires de vies et les chemins parcourus ont été un déclencheur et une constante source d'inspiration.

Avant de vous quitter, nous aimerions partager avec vous un texte que nous aimons particulièrement et qui nous suit depuis longtemps : *Le Train de ma vie,* de l'éternel Jean d'Ormesson. Allez le lire in extenso sur internet (et imprimez-le pour le coller sur la porte de votre frigo).

« Ce voyage en train sera plein de joies, de peines, d'attentes, de bonjours, d'au revoir et d'adieux. (...)

Soyons heureux avec ce que nous avons et remercions le ciel de ce voyage fantastique.

Aussi, merci d'être un des passagers de mon train.

Et si je dois descendre à la prochaine station, je suis content d'avoir fait un bout de chemin avec vous.

Je veux dire à chaque personne qui lira ce texte que je vous remercie d'être dans ma vie et de voyager dans mon train. »

JEAN D'ORMESSON

BIBLIOGRAPHIE

André, C., *Imparfaits, libres et heureux,*
Odile Jacob, 2009

André, C., avec Ricard M. et Jollien, A., *Trois Amis en quête de sagesse,*
J'ai lu, 2018

Ansembourg, T. (d'), *Cessez d'être gentil, soyez vrai !,*
Les Éditions de l'Homme, 2001

Ben-Shahar, T., *Apprendre à être heureux. Cahier d'exercices et de recettes,*
Belfond, 2010

Ben-Shahar, T., *L'Apprentissage de l'imperfection,*
Pocket, 2011

Bolte Taylor, J., *Voyage au-delà de mon cerveau,*
J'ai lu, 2009

Bourbeau, L., *Les 5 Blessures qui empêchent d'être soi-même,*
E.T.C. Inc., 2000

Buzan, T. et B., *Dessine-moi l'intelligence,*
Eyrolles, 2012

Csíkszentmihályi, M., *Résilience connaissances de base,*
Odile Jacob, 2012

Cyrulnik, B., Jorland, G., *Flow: The Psychology of Optimal Experience,*
Harper Perennial Modern Classics, 2008

Doidge, N., *Les Étonnants Pouvoirs de transformation du cerveau,*
Belfond, 2010

Ekman, P., *Emotions revealed,*
Owl Books, 2007

Emmons, R., *La Gratitude,*
Belfond, 2018

Fauré, C., *Vivre ensemble la maladie d'un proche*, Albin Michel, 2002

Ford, D., *La Part d'ombre du chercheur de lumière*, J'ai lu, 2010

Fredrickson, B., *Mieux vivre grâce à la pensée positive*, Larousse poche, 2014

Gabilliet, P., *Éloge de l'optimisme*, Saint-Simon, 2010

Goleman, D., *L'Intelligence émotionnelle*, Robert Laffont, 1997

Hanson, R., *Le Pouvoir des petits riens*, Les Arènes, 2015

Harris, R. *Le Piège du bonheur*, Les Éditions de l'Homme, 2010

Harrus-Révidi, G., *Psychanalyse de la gourmandise*, Payot, 2003

Kabat-Zinn, J. *L'Éveil des sens*, Pocket, 2011

Kondo, M., *La Magie du rangement*, First, 2015

Lacroix, M., *Paroles toxiques, paroles bienveillantes*, Le Livre de Poche, 2012

Lacroix, M., *Se réaliser. Petite philosophie de l'épanouissement personnel*, Marabout, 2013

Laureys, S., *La méditation, c'est bon pour le cerveau*, Odile Jacob, 2019

Lejoyeux, M., *Les 4 saisons de la bonne humeur*, JC Lattès, 2016

Lenoir, F., *Du bonheur, un voyage philosophique*, Fayard, 2013.

Lenoir, F., *Petit Traité de vie intérieure*,
Pocket, 2012

Loehr, J., Schwartz, T., *Le Pouvoir de l'engagement total*,
ADA, 2005

Lyubominski, S., *Qu'est-ce qui nous rend vraiment heureux?*,
Les Arènes, 2014

Malpas, C., *Faites la paix avec votre assiette*,
La Martinière, 2017

Marquis, S., *On est foutu, on pense trop !*,
La Martinière, 2015

Monbourquette, J., *À chacun sa mission*,
Bayard, 2012

Monbourquette, J., *Aimer, perdre et grandir*,
Bayard, 2011

Monbourquette, J., *Apprivoiser son ombre*,
Bayard, 2011

Monbourquette, J., *Comment pardonner ? Pardonner pour guérir, guérir pour pardonner*,
Novalis-Bayard, 1992

Monbourquette, J., *Stratégies pour développer l'estime de soi et l'estime du Soi*,
Bayard, 2013

Navarro, T., *Kintsukuroi. L'art de guérir les blessures émotionnelles*,
La Martinière, 2018

Navarro, T., *Wabi Sabi. L'art d'accepter l'imperfection*,
La Martinière, 2019

Odoul, M., *Dis-moi où tu as mal, je te dirai pourquoi*,
Albin Michel, 2018

Peale, N. V., *La Puissance de la pensée positive*,
Marabout, 2019

Ricard, M., *Plaidoyer pour l'altruisme*,
Nil, 2013

Rosenberg, M., *Les mots sont des fenêtres,*
La Découverte, 2016

Rosnay, J. (de), *La Symphonie du vivant : comment l'épigénétique va changer votre vie,*
Les Liens qui libèrent, 2018

Ruiz, M. (Don), *Les Quatre Accords toltèques,*
Poches Jouvence, 2018

Salomé, J., *Le courage d'être soi,*
Les éditions du Relié, 2003

Schaal, B., Ferdenzi, C., Whathelet, O., *Odeurs et émotions. Le nez a ses raisons…,*
Éditions Universitaires de Dijon, 2013

Seligman, M., *S'épanouir,*
Belfond, 2013

Seligman, M., *Vivre la psychologie positive,*
Pocket, 2013

Servan-Schreiber, D., *Guérir le stress, l'anxiété et la dépression,*
Pocket, 2011

Siaud-Facchin, J., *Comment la méditation a changé ma vie… et pourrait bien changer la vôtre,*
Odile Jacob, 2012

Tolle, E., *Le Pouvoir du moment présent,*
J'ai lu, 2010

Wohlleben, P., *La Vie secrète des arbres,*
Les Arènes, 2017

TABLE DES MATIÈRES

CHAPITRE 5

Nadège Fougeras et Vanessa Cahierre

LES AUTEURES

Vanessa et Nadège ont vécu de nombreux changements (de carrière, de pays, de vie), elles sont mères de 7 enfants (en tout!) et cumulent près de 28 déménagements à elles deux!

Vanessa Cahierre se passionne pour ces phases de transition. Ayant vécu à New York, Hong Kong et Paris, elle a réinventé sa carrière plusieurs fois et est devenue coach et formatrice. Elle accompagne aujourd'hui des professionnels qui traversent des périodes de doute et les aide à rebondir en plaçant l'intelligence émotionnelle et la créativité au cœur du processus.

Nadège Fougeras aime explorer l'inconnu. Elle a travaillé dans la presse et sur le web. Elle a vécu à Santiago du Chili, Buenos Aires, Tokyo et New York. Elle est l'auteure de plusieurs livres, dont *Paris-Tokyo. Allô la terre?* (Hachette) et *Petits Moments de solitude* (Toucan), et a fondé les Éditions merveilleuses ainsi que le site Experience New York.

Un ouvrage réalisé sous la direction de Clarisse Cohen

Département éditorial Art de vie

Responsable d'édition : Laure Aline
Édition : Jeanne Castoriano
Correction : Roxane Criznic
Fabrication : Carine Ruault
Conception graphique : Édouard Bonnefoy (www.kontraste.fr)

Connectez-vous sur :
www.editionsdelamartiniere.fr

ISBN : 978-2-7324-9377-0

Achevé d'imprimer en mai 2021
sur les presses de Graphycems
Dépôt légal : janvier 2021
Imprimé en Espagne